Na Ubook você tem acesso a este e outros milhares de títulos para ler e ouvir. Ilimitados!

Audiobooks Podcasts Músicas Ebooks Notícias Revistas Séries & Docs

Junto com este livro, você ganhou **30 dias grátis** para experimentar a maior plataforma de audiotainment da América Latina.

Use o QR Code

OU

1. Acesse **ubook.com** e clique em Planos no menu superior.
2. Insira o código **GOUBOOK** no campo Voucher Promocional.
3. Conclua sua assinatura.

ubookapp   ubookapp   ubookapp

CORDULA NUSSBAUM

APERTE O F⬤DA-SE PARA SER FELIZ

66 DICAS PARA VIVER COM MAIS CORAGEM, LEVEZA E SERENIDADE

TRADUÇÃO
Mariana Moura

© 2018, GABAL Verlag, Offenbach
Copyright da tradução © 2020, Ubook Editora S.A

Publicado mediante acordo com GABAL Verlag GmbH. Edição original o livro *LMAA: 66 Mini-Plädoyers für mehr Mut, Leichtigkeit und Gelassenheit*, publicada por GABAL Verlag, Offenbach.

Todos os direitos reservados. Nenhuma parte deste livro pode ser utilizada ou reproduzida sob quaisquer meios existentes sem autorização por escrito dos editores.

REVISÃO	Isis Pinto e Adriana Fidalgo
CAPA E PROJETO GRÁFICO	Bruno Santos
IMAGEM DA CAPA	Chingiz | Shutterstock

Dados Internacionais de Catalogação na Publicação (CIP)
(Câmara Brasileira do Livro, SP, Brasil)

Nussbaum, Cordula
    Aperte o foda-se para ser feliz : 66 dicas para viver com mais coragem, leveza e serenidade / Cordula Nussbaum ; tradução Mariana Moura. -- Rio de Janeiro : Ubook Editora, 2020.

    Título original: LMAA: 66 Mini-Plädoyers für mehr Mut, Leichtigkeit und Gelassenheit
    ISBN 978-65-87549-37-8

    1. Autoajuda 2. Conduta de vida 3. Estilo de vida I. Título.

20-38759   CDD-158.1

Ubook Editora S.A
Av. das Américas, 500, Bloco 12, Salas 303/304,
Barra da Tijuca, Rio de Janeiro/RJ.
Cep.: 22.640-100
Tel.: (21) 3570-8150

Sumário

Prefácio 9
1. Rompa com tudo 12
2. Aceite ser excluído da lista 16
3. "Nada é impossível?" vsf! 19
4. Faça um check-up 22
5. Grandes objetivos? vsf! 24
6. Não procure a linha reta 27
7. O gosto pelo trabalho... 31
8. Será que eu mereço? vsf! 34
9. Troque o fomo 36
10. Desligue-se 38
11. Longe de cumprir sua lista de coisas para fazer antes de morrer? vsf!.. 42
12. Ouça o sentido da vida 45
13. Sem rotina? vsf! 47

14. Medo de falhar? vsf! 50
15. Pare de se fazer de vítima 52
16. Perceba as mentiras de suas experiências 56
17. Esqueça suas preocupações. 60
18. Não caia na armadilha da autoestima 63
19. Tchau, perfeccionismo! 66
20. Por que um porco não encontra ouro? 68
21. Atender a todas as expectativas? vsf! 71
22. Desmascare o culto à carga 73
23. Pedir ou não a opinião dos outros? 76
24. Mande suas desculpas para longe 79
25. Aprenda a ouvir 82
26. Tchau, intuição! Olá, fatos! 85
27. Esqueça as promessas mirabolantes 87
28. Resolver por conta própria? vsf! 91
29. Pare de choramingar! 93
30. Não fique chateado: aprenda. 95
31. Domesticar a mente de macaco? Esqueça. 98
32. Respire! 101
33. O que não entra na fatura 104
34. Estresse antes do café da manhã? 107
35. Livre-se do "É, mas..." 110
36. Não encha a cerca de pregos 112
37. Pare de machucar a si mesmo. 114
38. Não coma o marshmallow... ainda 117
39. Tchau, mentalidade de caranguejo! 120
40. Saia das redes sociais 122

41. Não acumule 124
42. Não despreze o que tem 126
43. Desfrute da ausência 129
44. Tchau, mestre do drama! 132
45. Não seja legal 134
46. Interrompa o efeito do gás 136
47. Não finja ser o que não é 140
48. Não decida 143
49. Não se compare 146
50. Não me ame... ame-se! 148
51. Cale a boca! 151
52. Perdoe — não guarde mágoa 154
53. Tchau, pessoal! 158
54. Não encha seus dias de afazeres 161
55. Pitaco sobre nutrição 164
56. Saia do sofá 167
57. Boa noite, insônia! 169
58. Não ria porque você é feliz... 172
59. Não faça nada 174
60. Não gire em torno de si mesmo o tempo todo 176
61. Pare de ponderar — pesquise 178
62. Ser o dono da verdade? Não, obrigado! 180
63. Não basta visualizar 182
64. Tchau, Cronos! Olá, Kairós! 184
65. Não complique 186
66. Vá e faça! Facilite as coisas 188
Notas 190

Prefácio

Caros leitores,

À nossa frente se abre uma vida de leveza e serenidade. Uma vida em que a liberdade de locomoção é possível sem a necessidade de capital, graças ao *carsharing* e aos serviços de troca de casas ou hospedagem. Uma vida em que aparelhos domésticos inteligentes e assistentes digitais nos poupam de obrigações infinitas e cansativas. Uma vida que nem exige tanta coragem para viver do jeito que queremos, pois vivemos em uma bolha social muito confortável. Uma vida em que poderíamos realizar nossos sonhos e até sobreviver como nômades digitais, com nosso notebook no colo em uma praia do Caribe. Uma vida em que poderíamos nadar despreocupados em um mar de possibilidades.

Poderíamos.

Isso porque muitas pessoas não sentem leveza. Pelo contrário. Estamos presos no emaranhado de obrigações. Correr entre uma atividade e outra, organizar um dia a dia perfeito, cumprir um cronograma apertado. Vivemos algemados pelas expectativas — as nossas e as dos outros. Estamos presos nas rotinas diárias e apenas *ansiamos* pela leveza. *Ansiamos* pela serenidade. *Ansiamos* pela coragem de finalmente viver do jeito que queremos.

Neste livro, você receberá 66 inspirações para transformar seu anseio em experiências reais. São dicas que me fizeram evoluir pessoalmente, são lições que aprendi na vida e que gostaria de compartilhar com vocês, para trilharem seu caminho com mais leveza, serenidade e coragem.

As 66 dicas a seguir não correspondem a toda a "sabedoria" que adquiri ao longo dos meus 49 anos de vida, mas são as reflexões mais importantes para mim atualmente. Portanto, este livro não pretende ser uma fórmula para seu caminho pessoal. É um conjunto de inspirações que me moldaram.

Leia-as, esfregue-se nelas, e leve a sério as reflexões que também fizerem sentido para você. Para todas as outras, faça o seguinte: leia-as e aceite que elas são perfeitas para outras pessoas — não para você.

Aprenda a deixar uma porção saudável e amorosa do VSF entrar em sua vida com as 66 dicas. Mas o que é VSF? Muitos conhecem a sigla para "vai se...". Mas você também pode usar sua própria interpretação:

> Valorize-se e saiba se desapegar.
> Se apaixone. A paixão movimenta a rotina.
> Foque em desfazer padrões, respire.

A ideia central das 66 dicas é: desapegue-se do que o faz infeliz. Abra mão do que o prende. Dê tchau para seus medos, suas preocupações e suas expectativas absurdas. Diga "vsf" com um sorriso no rosto e sinta o efeito positivo e libertador de desenhar sua vida a seu gosto.

Reconheça nas 66 inspirações seus freios, mecanismos de sabotagem e ventos contrários no oceano das possibilidades. Por que você não faz o que realmente quer fazer? Dê uma boa lida e obtenha a inspiração de que você precisa para virar os ventos a seu favor.

Com os melhores votos,
Cordula Nussbaum

1. Rompa com tudo

As tendências determinam nossas ações. É o que vemos na moda: novos cortes, novas cores e novos materiais a cada estação. É também o que vemos quando se trata de "personalidade" e da preocupação com o "eu". Nos anos 1960, os hippies questionavam o sentido dos ideais de prosperidade da classe média. Eles reivindicavam uma visão de mundo sem restrições e destacavam a necessidade de realização pessoal. Na década de 1980, agendas e técnicas de otimização do tempo estavam em alta. Acreditava-se que bastava planejar meticulosamente o tempo e a vida para ser bem-sucedido.

Nos anos 1990, a questão do significado invadiu nossas mentes. Com a ideia de pisar no freio, alguns trabalhadores, pela primeira vez, renunciaram à prosperidade material. Não porque quisessem ser um "fracasso", mas porque pesavam o que realmente importava para eles. E, assim, preferiam gerenciar um albergue em vez de fazer assessoria de imprensa em uma grande corporação. A busca por significado pessoal dentro ou fora da profissão está em voga ainda hoje. Recentemente, a maioria dos funcionários de uma empresa de transporte ferroviário alemã decidiu tirar seis dias a mais de férias por ano, em vez de ter um salário mais alto.[1]

Pouco antes da virada do milênio, a maior parte dos adultos apostava no sonho de ganhar dinheiro rápido investindo em ações, e até o mais hesitante titular de uma conta-poupança adquiriu uma ação da Deutsche Telekom. Uma vida além da roda do hamster parecia estar ao alcance. Mais tarde, em 2003, a bolha da internet estourou e, quatro anos depois, a crise econômica global destruiu todos os sonhos de "liberdade financeira fácil". Com a geração Y (aqueles nascidos depois de 1980), uma mudança nos valores sociais entrou no mundo corporativo e moldou uma nova tendência de vida profissional: equipes em vez de hierarquias; diversão no trabalho em vez de símbolos de status; liberdade, realização pessoal e mais tempo de lazer em vez de uma carreira.

Por que estou falando disso? "O mundo pertence a quem escapa, não a quem se dobra!" foi a manchete no *Die Welt* há alguns anos. Pode ser que algumas dessas tendências se encaixem muito bem em seu conceito de vida. Sendo assim, é bom segui-las se você gosta de acompanhar a manada em vez de sair dela.

Porém, também é possível que as tendências o coloquem (inconscientemente) sob pressão, que os cenários de vida "da moda" não atendam em nada suas necessidades. Realização pessoal? Talvez um trabalho estável seja muito mais importante e você se realize com seus hobbies e momentos de lazer. Isso é ruim? Não!

Alguns autores denunciam a "compulsão pela otimização pessoal". Principal argumento: "Não seremos pressionados a otimizar!" Mas será que essa compulsão existe mesmo? Quem nos obriga a pensar em nossas preferências? Como queremos viver? Sim, eu concordo: nós não temos que mudar. Não temos que nos otimizar. Podemos ser do jeito que somos, mas, também, podemos fazer isso de forma completamente diferente.

Mais cedo ou mais tarde, toda tendência desencadeia uma contratendência. Você é livre para escolher quais ideias quer seguir. Qualquer um que afirme de pés juntos: "Ah, eu não vou entrar nessa besteira de otimização pessoal" também está sendo conformista. Em oposição a uma coisa, mas em conformidade com outra. Quem resiste fundamentalmente a uma afirmação acaba fazendo outra: "Não deixe que ninguém lhe diga o que fazer."

Perceba as tendências e depois ouça a si mesmo: qual delas você vai seguir? O que é bom para você? O que não é? O mundo pertence aos disruptivos. Ser disruptivo não significa, necessariamente, fazer coisas extraordinárias ou desistir de tudo e viver com apenas cinquenta coisas. Não significa largar tudo para alimentar filhotes de macaco na floresta.

Rompa com as tendências que não são boas para você. Diga "vsf!" para as obrigações sociais que não lhe trazem felicidade. Tenha a coragem de viver conforme suas próprias opiniões.

Em 2002, comecei a abraçar publicamente a causa das "pessoas antissistemáticas", que eram bem-sucedidas e felizes mesmo sem seguir a cartilha do "sucesso". Pessoas que confiavam na intuição e na paixão, e, não, no planejamento e na disciplina, que usavam as técnicas comuns de gerenciamento de tempo, como o aumento de eficiência e o Priority Matrix, aplicativo baseado no método Eisenhower, mas, ao fim do dia, alegravam-se com o que haviam conseguido.[2] Pessoas que curtiam o tempo, em vez de administrá-lo.

Criei o apelido carinhoso de "criativas-caóticas" para me referir às pessoas que não gostam de planejamento sistemático, definição de metas ou execução de planos estoicos.[3] Pessoas que gostam de ser flexíveis, que são úteis e que consideram outras coisas mais importantes do que ter uma carreira linear. Estou falando dos que pensam fora da caixa, dos que têm múltiplos potenciais, das personalidades escâner, das pessoas versáteis.

De gente que sonha alto, como Richard Branson.

Em livros, palestras, seminários e sessões de coaching, fortaleci as pessoas criativas-caóticas para que reconheçam e vivam seu potencial, e fui, sistematicamente, desacreditada pelos sistemáticos. "Lorota!", eles disseram. Gerenciamento de tempo sem planejamento meticuloso? Não é assim que funciona! Intuição e paixão para construir a obra de uma vida? Não, você precisa de um plano de vida estruturado, senão você não conquista o que quer que seja.

Apesar da hostilidade, permaneci fiel à minha abordagem e, ao longo dos anos, encontrei muitos apoiadores, como a revista *Coaching heute*, que escreveu: "Ela nada contra a corrente. Há anos escreve o oposto do que alguns dos grandes *players* da indústria da educação continuada proclamam como dogmas."[4] Hoje sou autora de dezesseis livros, alguns deles best-sellers, e, de acordo com a revista *Spiegel Wissen*, sou a "maior especialista em gerenciamento de tempo".[5] Pouco a pouco, até colegas experientes começaram a admitir que suas declarações anteriores sobre planejamento de vida ou gerenciamento de tempo estavam equivocadas, e estão adotando meu ponto de vista.

Extraia da minha história a coragem para romper com o que deve ou não fazer, pensar e decidir.

Você sabe melhor do que ninguém o que é melhor para você — confie nisso. Rompa com todo o resto. Assim, o mundo será seu!

2. Aceite ser excluído da lista

"Só são humanos aqueles que crescem e permanecem criança."

ERICH KÄSTNER[6]

Essa citação de Erich Kästner é muito verdadeira, mas como é difícil para algumas pessoas serem adultas e crianças ao mesmo tempo! Elas ficam presas na fase infantil — e têm medo de tomar decisões ou sustentar suas ações. Em sua forma mais extrema, trata-se do tipo vitimista (ver Capítulo 15). Ou são aqueles que agem de acordo com o lema: "Viva todos os dias como se fosse o último!" Se levado ao pé da letra, esse ditado nos exime de qualquer responsabilidade. Se vivemos apenas no presente e fingimos que não há amanhã, por que devemos nos preocupar em planejar uma vida confortável na velhice? Três coisas nos tornam adultos: assumir responsabilidade por si mesmo e por suas ações; tomar suas próprias decisões; ser independente financeiramente.[7]

No entanto, algumas pessoas também acreditam que têm de abandonar sua criança interior brincalhona como sinal de maturidade, suportar as dificuldades do dia a dia com muita seriedade e viver uma vida cinzenta e sem diversão até a morte. Que tristeza!

Mantenha viva sua criança interior, sua curiosidade, sua fome de vida, sua visão lúdica. E, depois, como bônus, acrescente a responsabilidade, porque ter responsabilidade é um dom. Assumir obrigações nos permite moldar situações e circunstâncias, faz nossa vida valer a pena e nos dá liberdade e autodeterminação.

Hoje eu me sinto assim, mas, quando adolescente, pensava que tinha de escolher entre ser criança e ser adulta. Quando meus pais se separaram, eu assumi a responsabilidade pela família, tornei-me "adulta" em um piscar de olhos, e isso foi pesado e estressante. Apenas alguns anos atrás é que a citação de Erich Kästner e a visão de que ser responsável é um presente me devolveram minha leveza.

Molde sua vida. Exija as coisas de que você precisa — e então volte a brincar.

A floresta está em polvorosa. Os animais dizem uns aos outros que o urso tem uma lista de inimigos. O grande receio é que um deles esteja na lista.

O mais velho dos animais, um cervo, é o primeiro a tomar coragem e ir até o urso. E pergunta: "Olá, sr. Urso, ouvi falar da sua lista e queria saber se eu estou nela."

Ele pega a lista e a lê. Então murmura: "Sim, você está na lista!" O cervo foge gritando. Dois dias depois, é encontrado morto na mata.

Os outros animais ficam cada vez mais assustados. Mas ainda têm esperança de que os rumores sobre a lista não sejam verdadeiros.

O javali não quer mais viver com medo. Vai até o urso e faz a mesma pergunta que o cervo fizera antes. O urso responde: "Você está na lista!" Dois dias depois, o javali é encontrado morto.

O medo dos animais torna-se indescritivelmente grande. Ninguém mais se atreve a perambular pela floresta. Todos se escondem e esperam pelo pior. Só o coelho vai e pergunta ao predador: "Sr. Urso, eu estou na sua lista?" "Sim", responde o urso, de forma sucinta.

"Então você pode me riscar dessa lista?", pergunta o coelho.

"Claro, sem problemas", diz o urso.[8]

3. "Nada é impossível?" VSF!

Você conhece o ditado "Você pode tudo, basta querer"? Ou a frase "Nada é impossível"? Você acredita nisso? Eu, não.

Sim, eu acho que querer realmente aumenta a probabilidade de conseguir. Se você não está tão engajado na busca por um objetivo, um projeto, não é de se admirar que o gás acabe antes da hora. Para que investir tempo, dinheiro e energia em algo que você, no fundo, não quer? É o que acontece com os objetivos que são apenas uma desculpa (porque "Todo mundo precisa de objetivos!") ou com os objetivos dos outros ("Meu marido quer...").[9]

É bom querer uma coisa — mas só querer não basta. Você pode ter a maior força de vontade do mundo, a melhor disciplina do mundo, e, ainda assim, passar longe de acertar o alvo. Porque alcançar seus objetivos não depende apenas de você! Imagine seus desejos como um grande círculo — sua área de interesse, o que você quer. No meio desse círculo, está um círculo menor, que é sua esfera de influência.

Este é o ponto: não podemos influenciar tudo o que queremos. As coisas mudam, e somos sempre dependentes de fatores externos. Alguns favorecem nossos planos, outros os boicotam. O truque é reconhecer o que podemos ou não influenciar.

O que você gostaria de mudar em sua vida? Quais são seus desejos, sonhos e objetivos? Tome consciência disso e determine o tamanho de sua esfera de influência nesse projeto.

Você não tem influência alguma sobre o sucesso? Então pare de dar tudo de si nesse projeto.

Alternativa: aumente sua esfera de influência. O que você já pode fazer hoje para influenciar o sucesso ativamente? Exemplo: quer evitar a construção do desvio ao redor de sua cidade? Como cidadão, que só tem voz em seu círculo de amigos, você não tem influência. Aumente sua esfera de influência organizando uma manifestação, alertando a imprensa sobre o desmatamento ou se candidate a um cargo no conselho local.

Onde você pode aumentar sua influência sobre seus temas de interesse? Assumindo outra função no trabalho? Mudando de emprego? Expandindo sua rede de contatos profissionais? Estudando? Ganhando experiência?

Quer escrever um best-seller? Para começar, é importante que você escreva um livro — isso é uma coisa que está dentro da sua esfera de influência. Se vai ser um best-seller é outra história. Isso não depende só de você e da qualidade da sua obra. Se vai ser um sucesso ou não, é algo que não está na sua esfera de influência, mas escrever de fato aumenta suas chances.

Influencie o que você pode influenciar e se inspire pela chamada Oração da Serenidade, provavelmente, de autoria do teólogo estadunidense Reinhold Niebuhr, e que ficou conhecida por esse nome na década de 1940.

"Deus, conceda-me a serenidade para aceitar aquilo que não posso mudar, a coragem para mudar o que me for possível e a sabedoria para saber discernir entre as duas coisas."

4. Faça um check-up

Estresse, tensão, incapacidade de estabelecer limites, cansaço, desânimo — muitas vezes podem ser evitados com exercícios mentais e perguntas. Mas, em algumas ocasiões, são, simplesmente, sensações físicas que nos paralisam.

O corpo é um espelho da alma, mas a alma também sofre quando não estamos fisicamente bem. Somos seres holísticos de corpo e alma, e eles se influenciam mutuamente. Portanto, cuide de ambos.

Tomei consciência dessa conexão quando era estudante e permaneci exausta durante um longo período de tempo. Dormia mal, sentia-me sobrecarregada por causa de coisas pequenas, mas me arrastava com muito café e telefonemas que me diziam "Não se deixe abater". Até que, um dia, um médico analisou com calma minhas taxas sanguíneas. E eis que os gráficos da minha tireoide estavam uma loucura. Hipotireoidismo. Algumas semanas depois voltei a ser a boa e velha Cordula de sempre, entusiasmada e ativa.

É evidente que devemos pensar em causas físicas quando nos falta leveza, disposição ou coragem... Se você sabe disso, ótimo! No entanto, muitas pessoas se esforçam durante anos para conduzir sua mente para a direção desejada. Até que, finalmente, alcançam o tão esperado avanço em nível físico.

Por favor, consulte um médico se você se sentir desanimado, tenso e vazio por um período de tempo considerável. Verifique as taxas da tireoide, de proteína ou de vitamina D. Alguns exames não são cobertos pelos planos de saúde, mas vá a um laboratório de sua cidade para fazer um exame de sangue e conferir as taxas que você quer verificar. Esses exames não custam tão caro.

Verifique também se você desenvolveu alguma alergia ou intolerância. Ou se, quando estiver cansado e pouco produtivo, você não está com alguma inflamação silenciosa. "Silenciosa" porque, embora você não perceba, seu corpo está despendendo energia nisso. Estresse, tabagismo, falta de sono e desnutrição podem provocar uma inflamação silenciosa. Um estilo de vida saudável, com atividade física, alimentação equilibrada e relaxamento, promove a cura.

Faça check-ups regulares. Isso pode lhe poupar muita frustração e esforços cansativos e infrutíferos! Procure saber quais remédios homeopáticos podem fortalecê-lo ou quais florais de Bach podem lhe dar coragem e serenidade.

Como você pode curar seu corpo hoje para que a alma frutifique?

5. Grandes objetivos? VSF!

Aqueles que se propõem grandes objetivos têm muito a crescer. Ou têm à frente um monte Everest inalcançável.

Algumas pessoas precisam de grandes objetivos para entrar em ação: terminar a próxima maratona fechando um tempo inferior a três horas e 22 minutos em vez de quatro horas? Sim! Sair e fazer algo completamente diferente no outro lado do mundo? Opaaaa, já estou indo! Abrir um negócio e ganhar oito milhões no primeiro ano? Claro, é daí para cima! Quanto maior a montanha, maior é a ambição. É só decolar.

No entanto, outras pessoas ficam paralisadas diante de grandes objetivos. Estudar para ser cuidador profissional, o que custa um total de dezessete mil euros? Impossível! Emigrar? Putz... como? Escrever um romance best-seller? Vish, eu nunca daria conta!

O que grandes objetivos, grandes visões, importam para você? São uma inspiração que o motiva? Maravilhoso. Então aumente o desafio e amplie ainda mais suas ideias. Vá além da zona de conforto e siga em frente!

Ou com você é diferente? Os grandes objetivos o paralisam? Assustam? Sua euforia vai toda embora? Então reduza seus objetivos e suas visões e ideias. "Peraí", posso ouvir você reclamar. "Então quer dizer que eu tenho que enterrar meus maiores sonhos e me contentar com a mediocridade?" Sim, você poderia fazer isso, mas não é o que quero dizer. Quero ajudá-lo a pôr a mão na massa hoje, para você realizar seus grandes desejos amanhã. Porque não adianta ficar ansioso e olhar frustrado para a montanha. Isso não torna possível escalá-la. Algumas pessoas fazem isso. Por anos. Elas se sentam dia sim, dia não diante da janela da vida, olham para a montanha e viram a cara com tristeza. Ficam na sala de espera da vida, em vez de pegarem o próximo trem.

Um homem estava sentado na área de embarque da estação de sua vila. Dia após dia, ele chegava por volta das nove horas, olhava para o painel de embarque e sentava-se para ver os trens que chegavam. Às 17h03, quando a última composição do dia deixava a pequena vila, ele se levantava com esforço, pensava nos vagões com os olhos fechados e voltava para casa tranquilo e triste.

Um dia, um novo gerente assumiu. Ele observou o velho por alguns dias e, finalmente, aproximou-se. "Com licença, senhor. Todo dia eu o vejo sentado aqui e depois indo para casa infeliz. Não gostaria de pegar um trem e dar uma volta?" "Ah", disse o velhote. "Minha vida toda eu quis ir para Paris, mas nenhum dos trens que para aqui vai para lá. Paris é inalcançável!"[10]

Você tem uma "Paris inalcançável"? Para onde você continua olhando — e não está buscando? Porque é muito grande? Muito longe?

Grande demais para lidar? Não se preocupe com "grandes objetivos". Seus projetos devem ser grandes o bastante para você. E então comece a se mexer para torná-los realidade.

6. Não procure a linha reta

"Pessoas bem-sucedidas têm um objetivo! Planejamento é o caminho para o sucesso. Se organizar é meio caminho andado!" Durante anos, gurus de negócios nos persuadiram de que deveríamos traçar uma linha reta na vida — qualquer coisa diferente disso não era considerada um sucesso.

E assim a rota para o sucesso foi claramente pavimentada:

* Defina seus objetivos!
* Crie um plano de ação com objetivos marcantes.
* Siga em frente com o plano e seus prazos.
* Ah, e vista-se bem!

E aí? Isso funcionou para você? Para mim, não. Toda noite, eu tinha que abrir passagem por entre os brinquedos no quarto dos meus filhos para ir para a cama. Meu boletim era uma fonte constante de notas ruins na faculdade. O sucesso que tenho como empresária nunca fez parte de uma "lista de objetivos". Meu caminho foi uma linha reta? De jeito algum!

Porém, eu segui meu caminho. Um caminho feliz. Um caminho de sucesso. Um caminho sem listas. Sem ordem. Sem objetivos formulados de acordo com o método SMART.[11]

A abordagem dos gurus do planejamento está certa, desde que você queira atingir uma meta cujo caminho seja bem conhecido. Você pode se preparar para uma maratona com planos detalhados. Você determina o dia da corrida, estabelece o tempo que deseja alcançar e faz um plano de treinamento para atingir sua meta de tempo.

Na vida, no entanto, o esforço de traçar uma linha reta é contraproducente, e por dois motivos. Em primeiro lugar, nosso dia a dia mudou. Hoje, vivemos em um mundo (profissional) ágil e dinâmico: o mundo VUCA, sigla em inglês para volatilidade, incerteza, complexidade e ambiguidade. Aqueles que definem metas de longo prazo e acreditam que elas devem ser implementadas de forma disciplinada serão desacreditados. Ou, como disse Albert Einstein: "O planejamento substitui o acaso pelo erro."

Cathy N. Davidson, da Universidade Duke, descobriu que 65 por cento dos alunos do ensino fundamental vão ter empregos que hoje nem sequer existem. Conselheiro genético? Considerada ficção científica antes de 2001, está entre as dez profissões mais promissoras.[12]

Nossa vida é um oceano de possibilidades, e a cada dia surgem novas opções. Se você definir metas SMART e se agarrar a elas estoicamente, poderá até desembarcar na ilha conforme o planejado, mas poderá descobrir que não é o cenário dos sonhos como era há três, cinco ou oito anos. Em termos de vida: você traça uma linha reta desde o diploma, passando pelo treinamento até chegar ao emprego almejado — e descobre que os melhores em sua profissão estão agora na Índia ou no Paquistão, trabalhando por uma fração do salário que você queria. Objetivo profissional: alcançado. Objetivo de vida: fracassado.

Hoje, mais do que nunca, mudanças de curso ou de metas fazem parte do cotidiano. Tenha a coragem de corrigir a configuração de sua vida e continue evoluindo.

Recentemente, viajei de barco com minha família pelas ilhas gregas. Certa manhã, decidimos para qual ilha queríamos ir, calculamos o percurso e ajeitamos as velas. Assumi o leme e tomei o rumo exato segundo a bússola. Quantas vezes você acha que eu tive de virar alguns centímetros para a esquerda e alguns centímetros para a direita a fim de manter o rumo desejado? O tempo todo! Eu não poderia segurar o leme rigidamente por três segundos ou mesmo amarrá-lo, caso contrário teríamos saído do percurso. O vento e as correntes alteravam a rota, e o reajuste era uma necessidade.

Com a vida é a mesma coisa! É uma ilusão achar que, com o cenário perfeito (parceiro perfeito, treinamento perfeito, corpo perfeito) e foco no objetivo, podemos traçar uma linha reta. Não, a vida é formada por constantes correções, mudanças, reajustes. Assim como no mar, estamos expostos a correntes e ventos na vida, e podemos facilmente realinhar o leme.

É cansativo? Só se você pensar nos ajustes como se fossem uma luta. Um esforço desnecessário, caso você considere um dever incômodo cada mudança, cada defesa do seu ponto de vista, cada desvio no caminho. Mas, se você perceber que um veleiro só pode seguir a rota com ajustes constantes, então sabe que a mudança é uma parte normal da vida cotidiana. As correções fazem parte!

O segundo motivo pelo qual uma linha reta desemboca na morte do sucesso: muitas pessoas se sentem limitadas por "objetivos claros".

Porque preferem sonhar, não planejar. Porque a vida é um oceano de possibilidades a ser desbravado. A psicologia da personalidade nos permite medir e representar diferentes tipos de personalidade com rigor científico. Em meus primeiros livros eu lhes dei nomes. A dra. Annaliese Logisch é a dona de números/dados/fatos/pessoas, Otmar Ordentlich é o sistemático planejador e gestor de tempo e Marc Macher é o representante dos determinados. No mundo dos criativos-caóticos, eu trouxe à vida Igor Ideenreich, que tem sempre ideias novas e sabe testá-las, Wanda Wills, que é feliz quando está em constante aprendizado, assim como sua apoiadora simpática Hanni Herzlich.[13]

Cada um de nós se identifica com um desses perfis e, portanto, tem uma abordagem particular em relação ao tema "traçar uma linha reta". Saiba que você não precisa de um plano de vida para ser feliz se for uma pessoa criativa-caótica. Muitos param regularmente e redefinem seus objetivos. Porém, assim que são enumeradas, as metas perdem o atrativo e deixam de ser buscadas.

Em outros casos, as pessoas criativas-caóticas podem estar seguindo rumo ao seu destino, mas se perdem no caminho — e se sentem mal por isso. Mesmo que a alternativa recém-descoberta seja muito mais agradável, a sensação de não ter disciplina, não ter um plano linear, continua existindo.

Não procure traçar uma linha reta para sua vida — trace as curvas do caminho! Adote a atitude descontraída do VSF. As aventuras começam quando os planos terminam.

7. O gosto pelo trabalho

Temos que amar nosso trabalho?
Temos que transformar nossa paixão em profissão?
Acho que não, porque eu conheço pessoas que preferem ganhar dinheiro por meio de uma atividade tranquila, manejável e desinteressante. Ficam perfeitamente felizes com um trabalho que não é estressante, paga um salário decente e tem horários determinados. Querem ter um trabalho tranquilo porque isso as liberta para aproveitar sua vida particular.
Algumas pessoas não querem transformar sua paixão em profissão, porque consideram seu hobby muito precioso para desgastá-lo em uma rotina profissional. Ou percebem que seria preciso um esforço incrível para viver de sua paixão por aeromodelismo ou romances históricos. Então preferem deixá-los como uma paixão particular e criar a liberdade de praticar esses hobbies por meio de um ganha-pão.

Você não tem que amar seu trabalho, mas, definitivamente, não deve odiá-lo. Se você pensa em seu local de trabalho como um avião, com um comandante horrível na liderança e colegas péssimos no serviço de bordo ao seu lado, então, por favor, puxe a corda do paraquedas. Se você chega ao trabalho todas as manhãs de mau humor ou com dor de estômago, sentindo que cada movimento é um tormento, por favor, encontre um novo emprego. Sua vida e sua saúde são valiosas demais para isso.

Você não precisa se sacrificar pelo trabalho — é só para tirar seu sustento! Em média, passamos um quarto da semana no trabalho. Quanto mais agradável for esse tempo, mais tranquilo será o resto dos dias e da sua vida particular.

Você também deve se livrar da ideia de que tem que encontrar seu chamado. A profissão que corresponde ao seu destino — sua vocação. As pessoas criativas-caóticas, que têm muitos interesses, arrancam os cabelos em busca da profissão que corresponde a sua vocação. Por quê? Muitas profissões satisfazem as diferentes facetas de sua personalidade e, portanto, o compromisso com uma única profissão parece trair as outras possibilidades.

A solução: encontre um ramo que abranja uma ampla gama de diferentes funções e que seja muito variado e estimulante. Pode ser autônomo, uma função em RH ou um cargo generalista em uma empresa.

Lembre-se de que até o trabalho mais importante do mundo envolve atividades bobas que precisam ser feitas. Alimentar planilhas do Excel, por exemplo. Ou fazer declaração de impostos. Não vise ao trabalho cem por cento dos sonhos, pois isso não existe.

Encontre um emprego que lhe traga satisfação e vá trabalhar todos os dias com uma atitude amorosa. Cumpra seus deveres e suas tarefas com amor, com consciência e atenção.

Reverta a causalidade entre trabalho e felicidade, dizendo para si mesmo: "Eu não amo meu trabalho porque é incrível. É incrível porque trabalho com amor."

8. Será que eu mereço? VSF!

Você também é uma daquelas pessoas que não param quietas? E, assim que chega o fim de semana ou a hora das "merecidas" férias, seu nariz entope, sua garganta arranha, você fica de cama?

Os pesquisadores chamam esse tipo de exaustão, dor ou enxaqueca que vem no fim de semana de "síndrome de burnout" ou "doença de lazer". Geralmente, afeta pessoas com um alto nível de estresse ou com um forte senso de responsabilidade que se sentem culpadas quando ficam com "preguiça". Elas estão quatro vezes mais propensas a adoecerem durante o tempo livre do que quem não está estressado.[14]

Por quê? Sob estresse, o corpo libera cortisol, que suprime uma "resposta imune" a bactérias ou vírus, que causam sintomas como tosse, coriza etc. Todos os esforços do corpo para se livrar dos inimigos são, portanto, interrompidos, mas, externamente, permanecemos "saudáveis". No entanto, assim que relaxamos, o nível de cortisol cai e as tropas invasoras seguem em frente — nós ficamos doentes. A saída? Reduzir o estresse, fazer mais pausas, praticar exercícios ao ar livre tanto na vida cotidiana normal quanto, principalmente, nos dias que *antecedem* as férias ou a folga. Quanto menos estressado você estiver ao começar o fim de semana ou as férias, com mais saúde você pode aproveitar o tempo livre.

Você deve estar pensando: "Mas será que nós 'merecemos' as férias? E se não estivermos prontos para tirar férias?" Por muito tempo também pensei assim. E eu ouvia das pessoas que me cercavam: "Vai sair de férias de novo? Mas as últimas mal acabaram!" Ou: "Sim, você trabalhou duro, mas está muito pálida, precisa relaxar, você merece!"

Essa minha visão de mundo, se eu *realmente* merecia algo, só começou a vacilar há alguns anos. Movida pela adrenalina e pelo desejo de reconhecimento, fui muito além de meus limites, forçando incessantemente meu corpo a funcionar. Mesmo quando tive uma hérnia de disco cervical e não conseguia levantar o braço esquerdo, eu tomava uma injeção para dor e entregava o serviço. Tirar uma pausa? Não era uma opção. Ainda estava funcionando.

Até que um fisioterapeuta me disse: "Sra. Nussbaum, o que mais seu corpo tem que fazer para que você perceba que já deu?"

Ainda hoje eu lhe sou grata por essas palavras. Entendi o que meu corpo já sabia havia muito tempo: não temos que merecer nossas pausas! Está em nossa natureza a necessidade de períodos de descanso. Os atletas sabem: depois do treino vem a regeneração — só assim você melhora. A natureza sabe: depois da colheita, o solo deve descansar, senão, em breve, nada mais vai brotar!

Não temos que "merecer" pausas e férias. Assim como não temos que "merecer" experiências incríveis ou coisas caras. Não precisamos "merecer" uma massagem no spa ou uma tarde jogados no sofá. Também não temos que "merecer" o amor e o carinho de outras pessoas. Não precisamos trabalhar duro para reivindicar as belezas do mundo. Podemos viver a vida com leveza. Ponto final.

9. Troque o FOMO

Você não perde um evento de networking, uma festa ou uma reunião? Você verifica seu smartphone a cada minuto para ver se não chegou uma mensagem? Você sente quase dor física quando não tem algo para fazer em uma noite de domingo?

Então você sofre da síndrome de FOMO, o medo de ficar de fora (do inglês, *fear of missing out*). O FOMO é um fenômeno que nossos ancestrais já conheciam. As pessoas que têm esta síndrome sempre adoraram dançar em todos os casamentos, eram consideradas inquietas. Não queriam perder o que quer que fosse. Você gosta de burburinho e confusão? Continue assim! Use a síndrome de FOMO como o motor que o mantém em movimento.

Você percebe que está, pouco a pouco, se cansando disso? Que está por dentro das coisas, mas não no meio? Lembre-se de que toda vez que você se engaja em uma atividade, mesmo preferindo estar deitado no sofá, seu botão FOMO o levou até ali. Não foi *você* quem concordou, foi seu botão FOMO.

Transforme o FOMO em JOMO, a alegria de ficar de fora (do inglês, *joy of missing out*). Vá para o outro extremo algumas horas por semana e desfrute não apenas de dizer "não" a uma oportunidade, mas de se libertar das distrações e expectativas. Com a JOMO você ganha liberdade e espaço para pensar, para ser. Desligue-se. Encasule-se. E comemore que os *outros* estão prestes a perder alguma coisa: lazer, relaxamento e descanso.

A JOMO permite que você tenha a liberdade de decidir quando quer ser ativo e quando quer desistir. Ela lhe dá serenidade e produtividade. Quer trocar o FOMO pela JOMO hoje?

10. Desligue-se

Era uma vez um rei. Ele amava seu povo. E seu povo o amava. Um dia, um coletor de maçãs que passava lhe deu uma caixa milagrosa, com a qual ele podia entrar em contato com outras pessoas em qualquer lugar e a qualquer hora. Que alegria! Enquanto os ministros se reuniam, o rei enviava mensagens curtas ao príncipe Immeron, seu amigo. Enquanto jantava com a esposa, falava com os ministros. E, enquanto estava ao telefone com o príncipe Immeron, dava boa noite à esposa pelo "Whats--sei-lá-o-quê". Os anos se passaram e o rei estava feliz.

Mas, certa manhã, ele foi confrontado com uma cúpula de ministros furiosos. "Nossos celeiros permanecerão vazios novamente este ano, porque você não liberou a tempo o fornecimento de sementes de nossas colônias. Vamos morrer de fome!" Assustado, o rei correu para a esposa, mas os aposentos estavam vazios. Apressadamente, ele abriu suas mensagens de texto e encontrou uma enviada por ela: "Por anos desejei ter um herdeiro ao trono com você, mas sua caixa mágica sempre o impediu de vir até mim. Estou indo embora."

Então, o rei jogou a caixa das maravilhas no poço mais profundo que havia perto do castelo, procurou sua amada, encontrou-a e nunca mais se deixou distrair.[15]

Que colheita você não pôde fornecer porque se distraiu e acabou não semeando? Quem se afastou porque você se manteve distante, embora estivesse fisicamente presente?

Muitas vezes pensamos que somos produtivos e bem-sucedidos se estivermos sempre por dentro das novidades. Mas mentimos para nós mesmos, porque perdemos de vista o que realmente importa para nós por pensarmos sempre nos resultados. O que nos faz evoluir? Com o que nos preocupamos?

Quanto tempo você consegue se manter concentrado no trabalho? Em média, temos apenas três minutos antes que o telefone, um e-mail ou um colega tire nossa atenção. E se a distração não vier de fora, nós mesmos é que nos atrapalhamos: alguns de nós checam o celular 63 vezes por dia. A cada dezoito minutos, entramos nas redes sociais. Infelizmente, levamos cerca de 64 segundos para voltar ao trabalho após ler um e-mail. Precisamos de um tempo de quatro a oito minutos para voltar ao trabalho depois de uma distração. Produtividade? Só que não![16]

Com a internet, os smartphones e tudo mais, recebemos ferramentas maravilhosas para estabelecer trocas com pessoas ao redor do mundo. Infelizmente, nunca aprendemos a usá-las direito.

Assuntos como "trabalho profundo: como trabalhar sem perturbações" e "detox digital" deveriam ser incluídos no currículo escolar. Muitas empresas já reconheceram que a disponibilidade constante nos adoece e nos torna improdutivos, e estão tomando medidas para contornar isso. Elas estabelecem um dia sem troca de e-mails, criam áreas de descanso nos escritórios, promovem "ilhas de tempo para trabalho concentrado" para toda a equipe ou cortam radicalmente a comunicação por e-mail à noite ou nos fins de semana.[17]

Será que você deve estar disponível o tempo todo? Muitas vezes, *acreditamos* que, para nossos empregadores, colegas ou conhecidos, devemos estar permanentemente disponíveis. Mas nós não *sabemos*. Por exemplo, 38 por cento dos participantes de um estudo realizado na Universidade de Freiburg não sabiam se seu chefe esperava uma resposta a telefonemas, e-mails ou mensagens de texto fora do horário do expediente.[18]

Resultado: eles estavam sempre "conectados" para não perder algo. A saída: discutir claramente na equipe quem deve estar disponível, quando e para quê. Então desligue tudo e relaxe.

Você acha que as consultas profissionais que acontecem durante seu tempo livre não são estressantes? O mesmo estudo realizado em Freiburg mostrou que até perguntas rápidas em uma tarde de domingo reduzem notavelmente a satisfação com o fim de semana. Para mim, é ainda mais difícil não me desligar depois de receber e-mails negativos ou mensagens com demandas. O descanso termina!

Por isso, há anos só fico disponível quando realmente quero estar. No início, foi fácil. Em 1995, comprei meu primeiro telefone celular, que muitas vezes esquecia em casa ou deixava de carregar a bateria. Então minha família e amigos concluíram: "A Cordula nunca está acessível!" Que conveniente! Desde então eu não mantenho cem por cento de acessibilidade.

Não se torne escravo das ferramentas digitais. Comunique aos outros que você está fazendo "detox digital" e não estará sempre acessível. Esteja disponível se e quando quiser. E em outros momentos diga: vsf!

"A vida era muito mais fácil quando a Apple e o Blackberry eram apenas frutas."
ALEKSANDER WITH, MÚSICO NORUEGUÊS, NO TWITTER[19]

11. Longe de cumprir sua lista de coisas para fazer antes de morrer? VSF!

Você conhece a ideia da lista de coisas para fazer antes de morrer? O sentido dessa lista? Talvez você tenha visto o filme *Antes de partir*, no qual dois homens com câncer, Edward e Carter, escrevem o que querem fazer antes de bater as botas. Muitos americanos fazem uma lista dessas.

Desde a estreia do filme, em 2007, os fregueses de pubs rabiscam seus desejos de vida nas madeiras dos balcões, blogueiros publicam suas listas na internet e pôsteres têm sido pendurados na porta dos quartos com os sonhos de luxo mais íntimos (como dormir em um iate de 25 milhões de dólares), e sonhos com celebridades (tomar um café com Richard Branson), viagens, natureza, animais (dar um banho em um elefante), esportes, atos de coragem (dizer ao chefe o que pensa), ambições (fazer doutorado) ou caridade (abrir uma fundação).

Inspire-se com as listas de outras pessoas. Claro que você vai achar algumas coisas banais ou exageradas, mas todos somos muito diferentes, assim como nossas listas. Crie sua lista de desejos com as coisas legais que você quer fazer na vida. E, então, encare-a com uma dose saudável de vsf.

Porque se você ficar pensando que essa lista de tarefas não tem que ser cumprida antes que seja tarde demais, talvez você passe a vida buscando realizar só os chamados pontos altos — e os verdadeiros momentos de felicidade vão passar batidos.

Não morreremos mais felizes ou infelizes se a lista não for "zerada" — portanto, não a veja como uma obrigação para ter uma "vida plena".

Sim, faz sentido pensar sobre o que gostamos na vida. Isso pode ser divertido. E anotar coisas "impossíveis" é libertador e inspirador, pois essa relação pode dar mais cor à vida — mas não porque ficaríamos com raiva se, de repente, não fosse mais possível realizá-la. Sonhe, seja ousado e insaciável ao fazer sua lista, mas traga atividades legais também para seu dia a dia, *aqui e agora*. Atividades que parecem banais, mas que nos trazem felicidade lá no fundo. Todos os dias.

Holly Butcher tinha apenas 27 anos quando, em 4 de janeiro de 2018, morreu em decorrência de um câncer nos ossos. Ela deixou uma lista muito especial em sua conta no Facebook.[20]

* Não se queixe do trabalho ou do treino na academia – apenas seja grato por ser fisicamente capaz de realizá-los.
* Não acumule dinheiro até morrer – coisas materiais não importam quando a vida chega ao fim.
* Faça seus amigos felizes em vez de comprar um vestido novo, joias ou cosméticos para o próximo casamento.
* Aprecie o tempo dos outros – seja pontual e não deixe ninguém esperando.
* Gaste dinheiro com experiências, não com coisas materiais.

- Passe mais tempo em meio à natureza.
- Aproveite e capture o momento na memória em vez de tirar uma foto com o celular para os outros verem.
- De vez em quando, acorde cedo para ouvir os pássaros cantarem e ver o sol nascer.
- Pare para ouvir música.
- Converse com os amigos. Largue o celular.
- Faça carinho em seu animal de estimação.
- Viaje, se esse for seu desejo.
- Trabalhe para viver, e não o contrário.
- Faça o que faz você feliz.
- Coma um pedaço de bolo sem culpa.
- Saiba dizer não.
- Não se deixe pressionar pela definição que os outros têm de uma vida plena.
- Sempre que puder, diga a seus entes queridos que você os ama.
- Saiba que você tem o poder de mudar coisas ou situações que o fazem infeliz.

Como está sua lista?

12. Ouça o sentido da vida

Você está procurando o sentido da sua vida? Sua missão neste mundo? O grande plano do porquê *você* está vivendo aqui e agora?

A maioria de nós se preocupa em ter um propósito para nossas ações. Descobrir o que nos motiva. Faça algum dos muitos exercícios disponíveis em livros de educação continuada ou que apresentam em seminários sobre o tema, e enumere seus objetivos e valores.[21] Então faça algo que condiga com esses objetivos e valores. Isso dá sentido a suas ações.

Porém, desapegue-se da ideia de buscar significado em termos mais filosóficos. O sentido da vida é ser feliz. Quem disse isso foi Dalai Lama.

O sentido da vida é deixar de lado a falta de sentido que percebemos em certos momentos. Quem disse isso foi o aforista Horst A. Bruder.

O sentido da vida é encontrar seu dom. O propósito da vida é compartilhá-lo. Quem disse isso foi Pablo Picasso.

O ser humano, primeiro, aprende a se adaptar, a se encaixar numa gavetinha e a se tornar o que o sistema espera dele. Resistir a isso é o sentido da vida, disse o aforista Michél Kothe.

Parece muito prático, não é? Sair da gaveta — faz sentido. Descubra aquilo no que você é bom e que faz com facilidade, e então compartilhe isso com outras pessoas. Realize atividades, pelo menos, com amor. É sensato. Ou apenas seja feliz — não importa o que você faça.

Sua missão de viver, de fazer algo significativo, não precisa ser uma ideia distante. Pode ser algo pragmático. Você quer fazer o bem, como Madre Teresa de Calcutá? Faça as compras para seu colega ou varra a calçada de seus vizinhos também.

Você quer encontrar seu dom? Quais atividades são fáceis para você? Escrever? Cozinhar? Criar tabelas no Excel? Um dom não tem que ser algo fora do comum.

Seja simples, seja pragmático. Assim, você não precisa mais procurar o sentido de sua vida. É só vivê-lo. Todos os dias. Alcance a maçã — e não a fruta.

O que eu quero dizer com isso? Você conhece a história do filósofo Hegel sobre um doente a quem um médico receitou uma fruta? Deram-lhe maçãs, que ele desprezou porque queria uma fruta. Não queria pera; queria fruta. Não queria ameixa; queria fruta. Ele não queria cereja, ele queria fruta.

Quando buscamos o sentido da vida, muitas vezes agimos como esse homem. Nós nos agarramos a uma ideia abstrata e ignoramos o que está bem debaixo de nosso nariz. A abstração pode, é claro, nos mostrar o caminho, mas, na prática, nossos passos individuais tornam-se banais. E assim tangíveis. Como uma maçã.

Qual é sua maçã?

13. Sem rotina? VSF!

Rotinas são, normalmente, consideradas uma facada nas costas de qualquer mudança. Você acha que precisa mudar seus hábitos para ser bem-sucedido e feliz?

Eu acredito que não! Para mim, os hábitos nos dão a liberdade de mudar. Sim, também encorajo meus clientes a fazerem coisas diferentes daquelas com que estão acostumados — trocar de lugar à mesa do café da manhã ou ler um autor desconhecido em vez de seu favorito. Por quê? Novos estímulos acordam nosso cérebro, ativam as sinapses. Isso nos torna criativos e nos dá uma motivação valiosa para mudar. Deixamos para trás as estradas da racionalidade e corajosamente nos embrenhamos nos caminhos do desconhecido.

Se você precisa de coragem e inspiração para mudar, uma ótima pedida é começar alterando seus hábitos. E, claro, faz sentido se livrar de um hábito que boicota seus objetivos e desejos. Se você quer resolver seus distúrbios do sono, é bom parar de beber à noite até "apagar".

Para conquistar outras realizações, você pode parar de gastar dinheiro em coisas supérfluas.

Mudar hábitos para fazer a diferença em sua vida é uma dica ruim se a única constante em sua vida neste momento for a mudança. Seja porque, a cada dia, seu trabalho traz novas surpresas, às quais é preciso reagir de forma rápida e ágil; seja porque você viaja muito, está o tempo todo em novas cidades, em novos hotéis; ou porque encontra pessoas novas todos os dias, com as quais tem que se adaptar.

Situações novas, ambientes novos, pessoas novas — todos esses estímulos desencadeiam um enorme poder de processamento no cérebro. Assim, sua cabeça e sua alma não estão livres para pensar ou mesmo abordar os temas que são mais importantes para você.

Às vezes, precisamos da segurança do que nos é familiar para permitir que as coisas amadureçam. Precisamos da tranquilidade da rotina para ficarmos mais fortes e autoconfiantes. E isso pode significar, em primeiro lugar, criar hábitos, trazendo uma estrutura mais sólida para o seu dia a dia.

Nós, seres humanos, precisamos de estrutura. A natureza nos deu isso com a separação entre dia e noite e as estações do ano. Mas nós, seres humanos, nos sobrepusemos a isso. Dia ou noite? Não importa! Graças à Edison & Cia., podemos acender a luz a qualquer hora. Primavera ou outono? Tanto faz! Sempre há tomates frescos. E, graças à digitalização e ao trabalho com foco em projetos, podemos trabalhar 24 horas por dia, mesmo na cama, e ainda participar de uma videoconferência com pessoas de outro país.

O que você gostaria de ter em seu dia a dia para viver com mais paz e sossego? Paz no sentido de previsibilidade? No sentido de "se deixar levar pela maré", porque assim não é preciso reorganizar tudo o tempo todo. Silêncio, porque as outras pessoas sabem o que fazer e quando, e você não tem que discutir ou coordenar toda hora? Crie rotinas para se aliviar.

"Todo conforto na vida se baseia na recorrência de coisas externas."
JOHANN WOLFGANG VON GOETHE

14. Medo de falhar? VSF!

Você conhece as Fuckup Nights? São eventos em que as pessoas falam de suas ideias e projetos que deram errado ou de seus fracassos pessoais. Eu acho esses eventos ótimos. Por um lado, tornam mais humana nossa sociedade polida e cheia de grandes casos de sucesso. Por outro, podemos aprender com os erros dos outros. E vice-versa.

Se por acaso falharmos, podemos servir de modelo e exemplo para os outros. Ótimo, não é? Junte sua coragem e arrisque sua sorte. Você vai arrasar. Sim, eu sei, via de regra medimos o sucesso ou o fracasso pelo *resultado* de nossas ações: o Bayern de Munique quer conquistar os três títulos novamente, mas só ganhou dois? Que fracasso! Lena participa do Festival Eurovision pela segunda vez e acaba em décimo lugar? As críticas caem matando. Esquecemos que não se trata (apenas) de *resultado* quando fazemos algo (meta de desempenho), mas também — e talvez até mais —, de desenvolvimento pessoal, um *objetivo de desenvolvimento*. Certamente nos desenvolveremos mais se ousarmos fazer algo — mesmo que (ou, principalmente, se) a meta não seja (for) atingida. Porque é sempre mais difícil lidar com críticas negativas do que com elogios. É preciso muita força interior.

Além disso, nem sempre depende de nós se algo funciona ou não. Isso não é uma desculpa ou uma acusação! Mas algumas coisas não estão sob nosso controle (veja Capítulo 3).

Prepare seus projetos mantendo-se bem informado, não apostando tudo em uma ficha só nem acreditando em quem promete ovos de ouro. Aprenda com os erros dos outros e peça bons conselhos de pessoas experientes em seu tema de interesse. Não corra riscos ingênuos ou bobos, lembre-se de que sucesso cem por cento garantido não existe.

Seja teimoso e diga "vsf!" ao conferir o resultado. Pense sempre no objetivo de desenvolvimento que você também alcançará caso se levante e continue após uma queda.

Orgulhe-se de seu desenvolvimento pessoal!

Eu acho que algumas pessoas têm, intuitivamente, essa visão de desenvolvimento pessoal. Aquelas que falam que nunca fracassaram na vida. À primeira vista, parece arrogância. Ou, muitas vezes, menosprezamos essas falas, respondendo: "Quem não arrisca não petisca!". Sim, nós adoramos histórias de fracassos retumbantes transfigurados em superação, mas não precisamos acabar com os projetos ou nossas vidas para ter uma "boa história" para contar. Para muitas pessoas, a palavra "fracasso" tem uma conotação passivo-negativa. É por isso que elas não gostam do termo. É também por isso que não se veem como fracassadas — porque a história não tem fim. Nem sinal de uma atitude negativa ou passiva. Não: tropece, ajeite a coroa, siga em frente!

Substitua a palavra "fracassado" por "experiente". Que história você poderia nos contar na próxima Fuckup Night?

15. Pare de se fazer de vítima

Você acredita que está à mercê do destino? Que é uma vítima dos caprichos dos deuses?

Acreditar em um poder superior pode facilitar a vida e trazer serenidade. Pessoas que se veem como parte de algo maior muitas vezes lidam melhor com golpes do destino do que pessoas mais racionais. Quer sejam mais religiosas, firmemente enraizadas em uma comunidade tradicional, ou se sintam profundamente ligadas à natureza. A espiritualidade as ajuda a não se sentir vítimas no sentido clássico, mas a processar as experiências traumáticas e depois retomar o controle da situação.[22] Psicólogos definem a "resiliência" como a capacidade de sobreviver a golpes do destino, como a perda de um familiar, desastres naturais ou uma demissão sem que a pessoa desenvolva uma doença mental mais permanente.

E esse tipo de baque sempre acontece. Nossa vida não é apenas luz, mas, também, sombra. Não só altos, mas, também, baixos. Não temos controle sobre o que a vida joga aos nossos pés. No entanto, tem gente que se vê como um brinquedo passivo do cotidiano, sabotando a possibilidade de viver com leveza. Isso porque as vítimas sempre irradiam um certo peso que as impede de viver uma vida plena e eleva os níveis de estresse.

Se algo acontece, os vitimistas reclamam que só acontece com *eles*, que é *sempre assim* e que *não podem* fazer algo para mudar. Seu lema: o mundo está contra mim. Seu principal questionamento: por que isso sempre acontece *comigo*? A grama do vizinho é sempre mais verde. Os *outros* sempre conseguem os melhores lugares no restaurante, enquanto *eles* é que têm que esperar na fila para entrar. A vida é injusta.

Infelizmente, as pessoas que se fazem de vítima não percebem que não é o mundo em si que é sombrio, e, sim, as lentes através das quais o veem. Isso acaba gerando a chamada profecia autorrealizável: a vítima vê, ouve ou sente coisas negativas, comporta-se de acordo e assim atrai mais contratempos. Ou cuida de tudo como sempre, eximindo de qualquer responsabilidade seus colegas, que sabem que sempre terão alguém para resolver os problemas para eles, e assim vê seu papel ser reforçado.

No fim das contas, é bastante prático viver nesse papel: as vítimas podem se sentir superiores. Afinal, são muito melhores que as outras pessoas, que, em sua opinião, são as culpadas por toda a desgraça. As vítimas também podem convenientemente abrir mão da responsabilidade, pois a culpa do próprio infortúnio é sempre dos outros. Você não tem que agir, não tem que arriscar algo — então está ótimo.

Melhor ainda: quanto piores estiverem, mais atenção, compaixão e apoio recebem dos outros. O cavaleiro no cavalo branco vem depressa resgatar a pobre donzela — bom demais.

Você reconhece alguém que está acomodado no papel de vítima? Verifique até que ponto essa pessoa o manipula com seu mimimi porque você é o cavaleiro no cavalo branco ou porque perde seu tempo livre dando atenção para ela. Reconheça que quem se faz de sofredor está muito mais propenso a se tornar um algoz — e você é a vítima de suas lamúrias estratégicas. Pule fora desse jogo e pare de se sentir responsável pelo bem-estar dos outros. Deixe que ele seja responsável pela própria vida!

Ou será que é você que faz o papel de vítima e se aproveita disso? Você por acaso ainda tem familiares e amigos que gostam (!) de se encontrar com você? E não quer perder isso? Então, por favor, vire a página.

Você quer parar de ser mais uma vítima no jogo da vida? Limpe as lentes com que vê o mundo e concentre-se nas coisas positivas que a vida lhe dá. Saiba que não é só você que enfrenta contratempos, mas que eles podem acometer qualquer pessoa. Então, pense sobre qual é o lado bom do incidente que vou contar a seguir.

Um pesquisador tinha um assistente que o irritava com seu otimismo incansável. Um dia, em uma expedição na floresta, o pesquisador decepou o dedo mindinho enquanto cortava lenha.

"Tenho certeza de que há um lado bom nisso", disse o assistente. Esse comentário irritou tanto o pesquisador, que, mesmo sentindo dor, ele amarrou o assistente numa árvore e seguiu sozinho. Pouco tempo depois, deparou-se com canibais, mas eles os pouparam quando viram que o pesquisador não tinha um dos dedos, pois sua crença só permitia que comessem carne intacta.

Radiante, mas também envergonhado, o pesquisador voltou correndo até onde tinha deixado o assistente. Pedindo muitas desculpas, desamarrou o companheiro.

"Mestre, não peça desculpas! Foi bom ter me amarrado à árvore!"

"Como você consegue ver uma coisa boa nisso?", perguntou o explorador.

"Se eu tivesse ido com você, os canibais teriam me devorado!"[23]

16. Perceba as mentiras de suas experiências

Anos atrás, participei de uma oficina de improvisação teatral. Na introdução, fizemos um exercício: deveríamos caminhar pela sala, cumprimentar cada participante e — se simpatizássemos com a outra pessoa — puxar o lóbulo da orelha dela.

Eu achei esse exercício muito idiota: eu não conhecia ninguém, então não tinha motivos para não gostar de alguém. Não entendi o objetivo da proposta e me levantei decidida a dar um puxão na orelha dos outros vinte participantes.

No entanto, fiquei chocada quando o quinto participante me cumprimentou com a cabeça — mas não puxou minha orelha! E a oitava também não! Então me zanguei e não puxei a orelha do nono. Quando o décimo puxou a minha, puxei a dele também. No fim do exercício fiquei arrasada: seis participantes não haviam puxado minha orelha! Mas eu não tinha feito nada para eles! O que eles tinham contra mim?

A resposta veio em seguida. O professor explicou que o fato de o outro puxar ou não a nossa orelha nada tinha a ver com cada um de nós pessoalmente. Tinha a ver com quem a outra pessoa tinha trazido para a sala em seus pensamentos. "Se a pessoa lembra seu professor de inglês, pronto, sua simpatia diminui. O outro parece seu melhor amigo, e pimba, a simpatia aumenta."[24]

Sabe aqueles momentos em que você sente que acabou de aprender algo muito importante? Foi assim que me senti ao ouvir as palavras do professor — e o peso do estresse em meus ombros foi todo embora. De repente, entendi não só racionalmente, mas também em meus sentidos, o que significa a frase "Não vemos as coisas como são. Vemos o que as nossas experiências passadas nos fazem ver".

Todos nós vemos através das lentes de nossa experiência. E isso influencia como percebemos as coisas. Como um filtro, essas lentes recebem mensagens que se encaixam em nossa visão de mundo, nossa opinião, nossa impressão. Isso pode nos inspirar, caso desperte sentimentos positivos em nós. Quando essas experiências nos encorajam, lidamos melhor com situações semelhantes que venham a surgir.

Por outro lado, situações ou afirmações podem nos bloquear se as associarmos a sentimentos ou experiências negativas. Se eu *acho* que meu parceiro pensa que, para mim, é impossível viajar sozinha porque meu primeiro namorado me proibia de fazer isso, e meu atual me olha com uma cara estranha se eu fico hesitante, então eu não vou nem sugerir que posso fazer uma viagem rápida sozinha. Transferimos experiências (negativas) para questões atuais. E assim nos limitamos.

Não está convencido? Muito bem, vamos fazer uma experiência. Vou fazer duas perguntas. Por favor, responda antes de continuar lendo.

Pergunta 1: o sr. Miller vai ao banco para trocar dinheiro. Quantas notas de dez reais ele recebe em troca de sua nota de mil reais?

Pergunta 2: quanta terra cabe em um buraco de três metros quadrados?

Qual é a sua solução para a pergunta 1? Logicamente, você pode responder: cem notas. Muito fácil.

Sim, a princípio. Porque a resposta correta é: não existe nota de mil reais. Normalmente, quando eu faço essa pergunta, as pessoas resmungam e dizem: "Ah, claro!"

Passemos à pergunta 2: 99,9 por cento das pessoas a quem fiz as duas perguntas responderam sem demora: "Simples: 27 metros cúbicos! Mamão com açúcar."

E o que você me diz agora que descobriu a resposta da pergunta 1? Muito provavelmente você vai corrigir sua resposta: "Não há terra em um buraco, senão não seria um buraco."

Por que você mudou a resposta? Porque, depois de resolver a pergunta 1, você mudou as lentes com que via a questão. Você passou a ver com as lentes que indicam: "É uma pegadinha!" Olhar a questão de uma forma diferente, por si só, já muda sua percepção e, portanto, sua reação.

Desde o começo você reconheceu que as duas perguntas eram uma pegadinha? Em caso afirmativo, presumo que você já conhecia essas perguntas ou esse tipo de brincadeira. E então você usou os óculos certos desde o início. Não é verdade?

Não existe uma verdade universal sobre nós mesmos, apenas a nossa visão sobre as coisas. A verdade é sempre subjetiva porque cada um de nós percebe as coisas de um jeito diferente.

Verifique com quais lentes você está vendo as coisas quando julgar a fala de terceiros, situações ou pessoas. São lentes positivas? Ou estão embaçadas? Reconheça que suas experiências nem sempre correspondem à "verdade". Perceba as mentiras de sua vivência, reconheça quando ela o leva ao caminho errado, e então aja conforme o que for melhor para você hoje.

17. Esqueça suas preocupações

No cerne de nosso ser, queremos ser felizes, ter paz interior. Porém, muitas vezes, isso é difícil por causa do peso das preocupações. A gente remói problemas ou situações e acaba se privando da serenidade tão almejada.

Então, sexta-feira à tarde chega um e-mail do supervisor dizendo que precisa urgentemente discutir algo conosco e marca uma reunião na segunda-feira — os pensamentos de preocupação tomam conta do fim de semana: será que vai rolar demissão? Será que eu fiz besteira? Será que a equipe vai ser desfeita? Resultado: dormimos mal, não aproveitamos nosso tempo livre. Tudo isso para ficar sabendo, na segunda, que vamos participar de uma conferência, como já havia sido discutido. Ou então nossos filhos não dão notícias no acampamento de esqui como combinado — por pouco não pegamos o carro e corremos para o hospital mais próximo —, mas foi só a bateria do celular que acabou.

O pior é que sabemos *racionalmente* que nada de ruim aconteceu ou vai acontecer, mas não é isso que sentimos. Não é de se admirar, porque a preocupação é um sentimento, um medo difuso do que está por vir, uma sensação repentina de desconforto. E, como as preocupações não são racionais, conselhos como "Não seja ingênuo!" ou mantras de positividade ("Está tudo bem!") não ajudam em nada.

A boa notícia é que não estamos desamparados diante dos piores cenários. Afinal, aprendemos a nos preocupar com as coisas, não é algo inato. Muitas vezes, adultos são atormentados por preocupações vividas na infância, situações inquietantes como brigas, separações ou mortes. Se não tiverem sido acolhidos por outro adulto nessas circunstâncias, eles passam a se apegar às preocupações para sentir um certo controle sobre uma situação incontrolável.

Livre-se das preocupações e liberte-se do lastro obstrutivo dos pensamentos pesados.

Você pode fazer isso, por exemplo, parando para se alongar e se exercitar assim que as nuvens escuras aparecerem em sua cabeça. Quando pensamos em situações desastrosas, o coração acelera ou começamos a suar. Se isso acontecer, dê uma volta no quarteirão a passos rápidos ou dê trinta pulinhos. O movimento reduz os sintomas físicos do estresse e o cérebro acredita que não há mais razões para se preocupar.[25] Mexa-se mais, preocupe-se menos.

Ou faça como as pessoas mais tranquilas e limite seu tempo de preocupação. Christine Purdon, psicóloga e diretora do Centro de Pesquisa em Saúde Mental da Universidade de Waterloo, desenvolveu uma estratégia para isso, chamada "cadeira da preocupação". Ela recomenda: "Reserve quinze minutos por dia para pensar em suas preocupações. Durante esse tempo, que não deve ser ultrapassado, você deve permanecer no mesmo lugar (daí o nome 'cadeira da preocupação')."[26]

Portanto, não se force a parar de se preocupar, apenas dedique uma hora e um lugar específico para isso. Na maioria das vezes, descobrimos que, no período que separamos para elas, as preocupações simplesmente desaparecem. Use seu tempo, então, para se prevenir ativamente contra contratempos reais.

Lembre-se sempre: o medo é apenas uma ilusão, ele não existe — você o criou. Está tudo em sua cabeça. "A única coisa que devemos temer é o próprio medo", disse, certa vez, Franklin Roosevelt. Ou faça como Abraham Lincoln, que recomendou: "Separe trinta minutos todos os dias para suas preocupações e aproveite esse tempo para tirar uma soneca."

18. Não caia na armadilha da autoestima

Há cerca de vinte anos, trabalho em tempo integral ajudando as pessoas a lidarem bem consigo mesmas e com seu tempo, e a levarem uma vida feliz. Nos últimos tempos tenho notado cada vez mais que muitos de nós não temos um problema com o tempo. É um problema de autoestima.

Muitas pessoas não se atrevem a dizer "não" de vez em quando. Muitas não ousam nem testar maneiras novas e mais inteligentes de resolver uma tarefa ou, mesmo, delegar a própria tarefa. Elas preenchem seus dias com atividades porque assim se sentem necessárias e valiosas. Definem seu valor por meio do que produzem, pelo status ou pelo salário.

Como está seu valor próprio? Você valoriza e respeita a si mesmo como pessoa? Não estou falando de sua performance, mas de você como ser humano!

Seu valor não é igual ao seu salário. Esse número reflete apenas os benefícios que você traz para sua empresa como empregado ou para seus clientes como autônomo. Mostra o valor do que você produz em termos de trabalho, mas não mostra seu valor como pessoa. Assim que você pendura o paletó no guarda-roupa à noite, seu ganha-pão não importa. Não é o *que* você faz que determina seu valor. O que o torna honrado é a maneira *como* você faz!

E, por favor, não espere elogios. Pessoas com autoestima baixa, em especial, precisam de feedback tanto quanto turistas no Caribe precisam de um drinque à beira-mar, mas, infelizmente, ainda somos muito convencidos: "Não levar uma reprimenda já está bom!" Quer dizer então que você não tem valor só porque os outros não lhe falam o tempo todo o quanto você é bom? Não!

Porém, mesmo que você receba elogios, para muitas pessoas o efeito passa tão rápido quanto o do álcool que os turistas bebem sob o sol do Caribe. Logo, nosso lado crítico assume o leme e sopra em nossos ouvidos que não foi tão bom assim. Não importa o quanto nosso chapéu esteja cheio de moedinhas de reconhecimento — sem autoestima, é como um chapéu furado: não sobra nada.

Como você pode consertar isso? O que fazer para seu bem-estar não depender mais do reconhecimento dos outros?

Crie um Cartão de Pontos Internos e avalie seu comportamento. Todos os dias.

Como ter um Cartão de Pontos Internos?

Olhe para os outros — o que você valoriza em alguém em particular? Qual é seu modelo para os outros quando se trata de "ter valor"? Que comportamento, que conquista, que traço das outras pessoas têm "valor" a seus olhos?

Aplique esses critérios a você — qual é sua pontuação? Pronto! Agora você tem um parâmetro para medir sua autoestima. Pode usar sua lista de verificação pessoal para se elogiar todos os dias ou procurar questões que você pode trabalhar para crescer. Ou também pode ver as características às quais você pode dizer calmamente: você não importa, porque elas não aparecem no cartão!

19. Tchau, perfeccionismo!

Como nossa vida seria fácil se fôssemos um pouco mais gentis com nós mesmos! Se o tempo todo não tivéssemos que dar cem por cento — não, 180 por cento — de nós. Tem que ser assim? Sim, o vigia interno, o sr. Perfeito, força a gente a isso. Se é para fazer algo, então tem de ser direito! Antes de começarmos qualquer coisa, procuramos a perfeição: a solução perfeita, a calça perfeita, o parceiro perfeito.

Há alguns anos ouvi uma frase maravilhosa, o que reduziu consideravelmente meu perfeccionismo: "Melhor ser imperfeito ao começar do que ser perfeito ao hesitar."

No mundo corporativo, o início imperfeito é conhecido como "prototipagem rápida": desenvolvedores ao redor do mundo lançam no mercado produtos, soluções de software ou serviços imaturos, e depois vão aprimorando com base nos feedbacks do usuário. O resultado é bom para todos: os consumidores recebem ofertas úteis com rapidez e as empresas não precisam mais passar anos fazendo reparos inúteis.

Incorpore a ideia da prototipagem rápida em sua vida. Comece de forma imperfeita e melhore pouco a pouco. Mire o resultado "bom o suficiente" e eleve suas ações a um nível apropriado, conforme a expectativa dos outros. Encontre um ponto final, com base na estampa da camiseta criada pela designer Jana Reiche: "Não tô nem aí. Vai ficar assim por enquanto!"[27]

Além disso, não busque ter uma personalidade perfeita. As pessoas perfeitas têm uma desvantagem: são cansativas e chatas! Ou, como observou William Faulkner, escritor estadunidense e ganhador do Prêmio Nobel: "Quem não tem hábitos ruins, provavelmente, também não tem personalidade."

Ame e respeite as imperfeições que há em você, porque as flores mais belas podem brotar da imperfeição.

Um indiano tinha duas latas d'água. Elas ficavam penduradas em uma estaca que ele carregava na nuca e nos ombros. Uma das latas estava rachada. A outra era perfeita.

Ano após ano, o homem buscava água no rio e levava para o vilarejo. Ao chegar lá, a lata perfeita estava sempre cheia, mas a rachada estava pela metade. Isso envergonhava tanto a lata, que, após dois anos se repreendendo, ela se dirigiu ao homem: "Estou com vergonha e gostaria de pedir desculpas. A rachadura me impossibilita de trazer toda a água para o vilarejo, apesar de seu esforço."

O homem respondeu: "Você não notou que há lindas flores em seu lado da estrada? Do outro lado não tem uma sequer. Eu estou ciente da rachadura. E é por isso que eu plantei sementes de flores em seu lado do caminho. Todos os dias, no caminho de casa, você passa regando. E, durante dois anos, colhi essas flores para decorar minha casa. Se você fosse diferente, não haveria essa beleza em minha casa. Agradeço a você pela alegria que me proporcionou."[28]

20. Por que um porco não encontra ouro?

"As pessoas veem o que procuram", diz uma das protagonistas do romance *O bizarro incidente do tempo roubado*, de Rachel Joyce. Que comentário sábio e pertinente, pois também deixa claro como podem surgir as diferenças em nossas perspectivas. A percepção é moldada pelas experiências (ver Capítulo 2) e também por expectativas, desejos e interesses.

Por que é tão útil pensar no que queremos de vez em quando? O que queremos experimentar, ter, tentar? Quem queremos conhecer?

No momento em que imagina coisas bonitas que quer ter ou experimentar, você muda sua visão do mundo. Se você quer comprar um Audi prata, o que passa a ver em todo lugar? Um monte de Audi prata! Se você tem filhos, lembre-se de como era na época em que queria engravidar: o que você via em todos os lugares? Mães e pais com carrinhos de bebê ou barrigões de gestantes.

Nossos desejos mudam nossa visão. E, quando nossa visão muda, percebemos novas chances e possibilidades. Quer publicar um livro em certa editora e gostaria de conhecer o editor responsável? "Por acaso", você vai descobrir que ele participará de uma mesa-redonda. Você vai lá, vocês se conhecem, ele acha ótima a proposta de seu livro — você está no jogo.

É claro que isso não é garantia de que o livro vá dar certo, mas suas chances aumentaram. Se você não tivesse desejado que fosse essa editora específica, não teria nem notado o anúncio do evento, não é verdade? E assim teria perdido a chance.

Então, ouse sonhar, imaginar o que você gostaria de viver nas próximas semanas e nos próximos meses e anos — isso, por si só, vai ajudá-lo a reconhecer melhor as oportunidades. Você não precisa formular metas SMART[29] — o desejo atua como uma estrela-guia e ilumina seu caminho.

Nesse contexto, verifique também qual é sua atitude básica diante da vida. Pois, se você é um pessimista que só espera o pior, então é isso que vai acontecer! Você sempre vê a ausência, e não a possibilidade.

Vamos fazer um exercício. Observe onde você está agora. Note tudo que é vermelho. Depois, o que é laranja, amarelo, verde, azul, roxo, preto e branco, uma cor de cada vez.

Como você se sentiu? Viu as coisas roxas na primeira etapa (vermelho)? As pretas? Muito provavelmente, não, porque você não estava procurando por elas. Inconscientemente, elas escaparam de seu radar — mas é claro que sempre estiveram lá! Você só não as viu.

Mude a maneira como percebe a sua vida e, conscientemente, procure tudo o que é fácil, que lhe dá serenidade, que pode fortalecer sua autoestima, que lhe dá coragem. Se você está muito incomodado com as pessoas ao seu redor, pare de ver o lado negativo delas e procure conscientemente o lado positivo.

Seu futuro, seu bem-estar e seu infortúnio são determinados pelo que você quer ver, pelo que está procurando. Encontre a coisa certa para você!

Um porco saiu do chiqueiro e foi andando pelo caminho que levava ao casarão. Encontrou um buraco de lama atrás do chiqueiro. Depois de chafurdar nele, foi até a pilha de compostagem, que foi examinada por seu focinho, e, por fim, descobriu os caixotes de lixo atrás da casa, onde procurou comida. Foi até os canteiros de flores e legumes e desfrutou do belo jardim. Quando voltou ao chiqueiro, as galinhas, que haviam assistido à sua excursão, comentaram, animadas: "Dizem que o casarão é tão bonito, com quartos esplêndidos, papel de parede fino e cortinas caras, pinturas valiosas nas paredes e ouro e prata por toda parte. Você viu tudo isso?" O porco grunhiu: "Não, eu não vi. Por onde você olha, só há terra, podridão, lama e lixo."[30]

21. Atender a todas as expectativas? vsf!

Você sempre quer agradar a todos? Tenta se comportar de tal forma que as pessoas no mundo se sintam bem? Muitos sofrem da doença de querer agradar. Mas, infelizmente, é impossível agradar a todo mundo sempre. Não importa o que você faça — sempre haverá quem ache seu comportamento inaceitável, porque as pessoas só veem o que querem ver. E fazem julgamentos conforme o que suas lentes apreendem (ver Capítulo 16), ou porque as expectativas delas em relação a você não correspondem aos seus desejos de uma vida boa.

Deixe-me explicar: temos uma obrigação com algumas pessoas. Como pais, é nosso dever dar aos filhos amor, segurança, proteção e tudo de que eles precisam para crescerem e se tornarem pessoas saudáveis e independentes, pois *nós* os trouxemos para este mundo. Mas pare de viver a vida de acordo com o que seus pais, amigos, inimigos, professores e a mídia acham que é melhor. Pare de tentar agradar a todo mundo e atenda a suas próprias expectativas. O que dá a eles o direito de esperar coisas de você? A história a seguir deixou isso claro para mim anos atrás, e me curou de uma vez por todas da doença de querer agradar.

Um pai caminhava com o filho e um burro no calor do meio-dia pelas ruas poeirentas de Kashan. Não tinham dado mais do que alguns passos quando um estranho zombou: "Mas que estupidez! Para que levar o burro para caminhar se ele não faz nada, não traz benefício algum e não carrega nem um de vocês no lombo?" Depois de um momento de reflexão, o pai sentou-se em cima do burro, que o menino estava conduzindo. "Pobre menino", disse um transeunte. "Suas perninhas estão tentando acompanhar o ritmo do burro. Como você pode ficar tão à vontade em cima do burro enquanto a pobre criança está morta de cansaço?"

O pai levou o comentário a sério, desceu e deixou o menino montar. Não demorou muito até que outro transeunte levantasse a voz novamente: "Que impertinência! Montado no burro como um sultão enquanto o pobre e velho pai caminha ao lado." Magoado, o menino pediu que o pai montasse no burro atrás dele.

"Você já viu algo parecido?", reclamou uma mulher. "Que crueldade com o animal! O lombo do pobre burro está pesado, e o velho e o jovem estão se aproveitando dele!"

Os repreendidos se olharam e desceram do burro sem dizer uma palavra. Então pai e filho decidiram levá-lo para casa. Quando chegaram lá, bastante tarde e exaustos, a mulher disse: "Vocês são dois tolos! Por que não deixam o burro ir para o estábulo sozinho?"

O pai enfiou um punhado de palha na boca do burro e colocou a mão no ombro do filho. "Não importa o que façamos", disse ele, "há sempre alguém que discorda de nós. Acho que temos que julgar nós mesmos o que é certo."[31]

22. Desmascare o culto à carga

Você acredita que tem livre-arbítrio? "Claro!" é a resposta de muitas pessoas. "*Eu* decido o que faço e o que não faço. Claro que levo outras pessoas em consideração, mas até isso sou eu que decido."

Política e legalmente, essa afirmação é verdadeira em nosso contexto cultural. Mesmo respeitando leis e regras, temos o luxo de tomar decisões a nosso respeito.

No entanto, pouquíssimas pessoas realmente dão a palavra final sobre a própria vida. A maioria de nós está sob controle externo, que, por sua vez, é autogerido. Paradoxal? Como podemos ser controlados por algo que controla a si mesmo? É porque o subconsciente toma as rédeas e determina nosso comportamento.

Você já limpou as lentes de sua experiência (ver Capítulo 19) e sabe o que está procurando (ver Capítulo 20)? Então você já descobriu dois valiosos fatores que influenciam o comportamento subconsciente, mas a cultura também tem um papel importante. Os valores, as normas e as convicções que se aplicam em sua região moldam seu comportamento. Temos o papel "certo" das mulheres, o papel "certo" dos homens. Dependendo do país e da região, existem símbolos, heróis, rituais e práticas cotidianas completamente diferentes que parecem "normais" para as pessoas. O sistema de castas na Índia, por exemplo, dita onde você mora, que profissão pode exercer e com quem se casa. Na China, as pessoas fazem barulho ao tomar sopa e arrotam durante as refeições. Essas maneiras à mesa, que consideramos deselegantes, são um sinal de respeito e de cortesia. Se você não fizer barulho algum ao comer, é porque não gostou. Simples assim. E, se você raspar o prato, pode deixar os anfitriões em uma saia justa, pois isso significa que você ainda está com fome e quer repetir. Os costumes e as normas sociais fornecem uma estrutura. É assim que se vive. É assim que se faz.

Tudo o que vemos, experimentamos e absorvemos, consciente ou inconscientemente, molda nossa certeza a respeito do comportamento apropriado. Nossas convicções se desenvolvem a partir de conversas e observações com nossos pais, amigos, professores e vizinhos. Aprendemos o que é "certo" a partir de filmes e postagens nas redes sociais.

Infelizmente, muitos mal-entendidos se instalaram em nossa percepção porque ouvimos declarações ou observamos modelos nem um pouco certos. Mas, como partem de figuras de autoridade, acreditamos neles (por exemplo, um "Você não sabe cantar!") e ignoramos as oportunidades. Ou então adotamos comportamentos (absurdos) em resposta a declarações ou observações mal interpretadas — como os melanésios, nas ilhas do Pacífico, a nordeste da Austrália. Você já ouviu falar do culto à carga?

Durante a Segunda Guerra Mundial, havia cerca de quatrocentos mil soldados estadunidenses na Melanésia. Os aviões de carga aterrissavam nos aeródromos abertos em meio à mata, carregados com roupas, alimentos e outras mercadorias (carga).

Após o fim da guerra, os soldados se retiraram e não havia mais "carga". Para conseguir suprimentos, os habitantes locais começaram a imitar o comportamento que tinham visto entre os soldados. Esculpiam fones de ouvido em madeira, sentavam-se na "torre do aeroporto" e falavam em aparelhos de rádio imaginários. Acendiam fogos de sinalização ao longo da pista de pouso e faziam tudo que tinham visto os soldados fazerem. Pensavam que assim poderiam convencer os antepassados a proporcionarem a entrega de comida e utilidades. Sem sucesso.

Hoje, o termo "culto à carga" é usado para descrever uma imitação superficial de práticas dos outros. Por exemplo, imitamos as pessoas bem-sucedidas e assim esperamos ter riqueza e prestígio. Na ciência e na administração, o termo passou a descrever uma forma de trabalho formalmente correta, mas sem sentido.

Assim como no culto à carga, adotamos crenças que acreditamos serem "certas" e, por causa dessas crenças, nos comportamos (inconscientemente) de determinada maneira.

Isso pode ser positivo para nosso desenvolvimento se forem convicções inspiradoras, mas pode nos atrasar se forem limitadoras.

Em que áreas de sua vida você pratica o culto à carga? Já adotou comportamentos absurdos sem se dar conta? Quais falas e padrões de comportamento considera "certos" e simplesmente os imita?

Reconheça quando você faz o culto à carga, e conquiste de verdade seu livre-arbítrio.

23. Pedir ou não a opinião dos outros?

A opinião dos outros é seu melhor motivador para se tornar o que você quer ser ou permanecer assim. Não estou falando que os outros devem lhe dizer o que fazer. Não, porque nós, adultos, não queremos ter de fazer isso ou aquilo. Você deve saber disso quando diz "Tenho que ir" ou "Quero ir". Neste último, você sente a diferença entre realmente querer algo ou apenas ter de fazê-lo.

Se você *quer* algo, suas chances de sucesso podem aumentar ao ouvir as opiniões dos outros. Importante: trata-se da opinião das pessoas "certas" para você, isto é, aquelas capazes de trazer à tona o melhor de você. Ou aquelas que (inconscientemente) o ajudam a manter seu lado obscuro — que todos nós temos — sob controle.

A fofoca na cidade pequena, o boato na vizinhança — o controle social também nos fornece uma estrutura. O controle social impede que nos transformemos emególatras e garante uma coexistência respeitosa.

Você precisa disso, não precisa? Ou você se comporta de forma social, justa, honesta, respeitosa, sustentável, produtiva, proposital... mesmo sem influências externas? Então esse comportamento é obviamente um valor interno muito importante para você. Nós seguimos em frente — não importa se alguém está nos observando ou não. Outras vezes, no entanto, dizemos que é importante para nós, mas, se ninguém estiver olhando, nos comportamos de forma completamente diferente. Ou o contrário: assim que sentimos que estamos sendo observados, damos nosso melhor.

Você já percebeu as seguintes situações?

Atravessamos a rua com o sinal vermelho para os pedestres quando estamos sozinhos. Se houver outras pessoas, nós esperamos. Pelo menos, até que uma delas tome a frente. Estudos mostram que apenas 2/3 das mulheres e 1/3 dos homens lavam as mãos em banheiros públicos.[32] Mas, se houver outras pessoas diante da pia, quase ninguém sai sem lavá-las. Quando a coleta do dízimo é feita na igreja de forma aberta, a cesta fica muito mais cheia de notas. Porém, se o dinheiro for separado com antecedência e colocado em sacolinhas fechadas na cesta, o valor total recolhido é significativamente menor.

Quem se sente observado age de forma diferente. Desde a década de 1920, esse fenômeno é conhecido como o "Efeito Hawthorne". Na época, um estudo realizado na fábrica Hawthorne, da Western Electric Company, em Chicago, investigou a influência da iluminação na produtividade dos funcionários. Resultado: a produtividade de *todos* os que estavam participando do teste aumentou, independentemente do tipo de iluminação.[33]

Isso também foi demonstrado recentemente por um estudo realizado pela Universidade Carnegie Mellon, em Pittsburgh, sobre o consumo de energia elétrica em residências. Os pesquisadores avaliaram o padrão de consumo de 5.600 domicílios. Eles informaram apenas metade dos domicílios que seria feito "um estudo sobre o consumo de energia elétrica". O que aconteceu? Nada mudou para as famílias que não foram informadas. Já nos domicílios que estavam cientes da pesquisa, o consumo caiu, em média, 2,7 por cento no mês investigado, e só depois voltou a subir. Os cientistas interpretaram isso como clara evidência de que a sensação de estar sob observação havia alterado o comportamento das pessoas, que prestaram mais atenção em seu gasto de energia.[34]

O que você pode extrair disso? Aproveite a presença de observadores conscientes para empreender mudanças em si mesmo. Se você quer ser mais atlético, rodeie-se de pessoas atléticas. Se você quer comer melhor, saia com quem tenha uma alimentação saudável. Se você não quer mais andar por aí tão desarrumado, cerque-se de gente elegante. Se você gostaria que seu apartamento permanecesse mais arrumado, mas tem dificuldade de se motivar para limpar, receba visitas com mais frequência.

"No longo prazo, a alma assume as cores de seus pensamentos", disse Marco Aurélio. Isso se aplica ainda mais ao seu ambiente e às pessoas ao seu redor: no longo prazo, a alma assume a cor de sua atmosfera.

Portanto, procure um ambiente que faça florescer as características que você deseja. Chame isso de "controle social" ou dinâmica do ambiente — encontre estímulos externos que sejam do jeito que você quer ser. Assim, é bem mais fácil para seu interior seguir o baile.

24. Mande suas desculpas para longe

Tem gente que arruma desculpa para tudo. O inspetor passa conferindo as passagens na viagem de trem e a pessoa está sem o comprovante? "Acabei de comer a passagem com meu sanduíche!" Não fez o dever de casa? "Nosso cachorro morreu ontem!" Não está praticando piano? A pessoa enfaixa rapidinho a mão esquerda — desculpe, dedo machucado.

Odeio admitir, mas quem enfaixava o dedo era eu. Quando criança, odiava praticar piano. Um curativo foi uma ótima desculpa para não me apresentar na aula. Tudo correu bem até que o professor chamou meus pais, preocupado com a fragilidade dos meus ossos.

Eu me senti tão envergonhada! Mas fiquei aliviada, porque as mentiras tinham chegado ao fim. Finalmente, percebi que estava me sentindo muito mal o tempo todo. As desculpas não me ajudavam. Na realidade, me atrapalhavam, faziam de mim uma criança desonesta, em quem não se podia confiar. Eu tinha decidido aprender piano — e boicotei meu projeto com desculpas esfarrapadas.

Jurei a mim mesma que nunca mais usaria desculpas para me safar de alguma coisa na vida. Jurei que, se me comprometesse com algo, iria até o fim. Sempre! Mantenho esse voto até hoje: "Faça o que você prometeu. Seja comprometida. Seja uma pessoa confiável para os outros." Essa continua sendo uma exigência pessoal muito importante para mim. E é, provavelmente, a razão pela qual não suporto quando os outros inventam desculpas.

E você? Você se compromete com o que propõe a si mesmo? Cumpre suas promessas? Não estou falando de quem diz uma coisa, mas quer dizer outra. É claro que podemos mudar nossos planos e opiniões, mas chega um ponto em que você abre mão da confiabilidade e tenta se safar com desculpas esfarrapadas?

Você quer ter sucesso? Então faça o que decidiu fazer. E guarde suas desculpas para si mesmo. Quer criar um podcast? Não desista depois de dois episódios só porque "ninguém está ouvindo". O sucesso não vem da noite para o dia (ver Capítulo 23).

Além disso, poupe os outros de suas desculpas. Você recebeu uma demanda e seu computador quebrou? Faça o que puder para entregar a tempo e não diga que seu disco rígido pifou (apenas depois que seu cliente ou chefe estiver querendo saber o paradeiro do trabalho). Mostre resultados — mesmo que seja mais fácil dar uma desculpa depois da outra.

Os pretextos comprometem sua reputação, e também seu sucesso. Afinal, quem quer fechar negócio ou se associar com pessoas em quem não se pode confiar? Ou indivíduos que, no caso de haver um contratempo, não admitem o erro? Sempre dá para encontrar explicações furadas na vida — oportunidades, nem sempre.

Mande suas desculpas para longe — você não precisa mais delas. "Desculpas não são nada mais do que um bloqueio que você coloca na estrada", diz o autor americano C.C. Chapman. Remova seus bloqueios, faça de sua vida uma zona livre de pretextos. Vamos lá. Agora. Chega de desculpas.

25. Aprenda a ouvir

Eu sou uma defensora ferrenha da educação. O conhecimento abre nossos horizontes e nos dá a chance de determinar nossa própria vida. Habilidades que nos propomos a adquirir nos tornam competitivos no mercado de trabalho, tanto em uma empresa quanto como autônomos. Quando temos qualificações adicionais, elas garantem a manutenção de nosso emprego, de nosso cliente ou abrem novas opções quando as vagas são cortadas.

Se você para de aprender, para de crescer. Você conhece pessoas que têm um diploma, mas nunca mais voltaram a estudar? E que reclamam amargamente quando ficam desempregadas porque suas qualificações não atendem mais aos requisitos? Ou profissionais que reclamam que "têm que" fazer dois cursos de capacitação por ano pagos pelo empregador? Ei, se liga! Aprender é investir no futuro!

Por outro lado, há algumas pessoas para quem eu gostaria de gritar: "Pare de estudar!" Tem sempre aquele que acha que não é bom o suficiente, que acha que ainda precisa de um curso, um certificado, antes de dar o próximo passo na vida. Antes de se candidatar ao emprego dos sonhos ou de abrir um negócio por conta própria.

Sim, diplomas são importantes, e algumas oportunidades só se abrem para quem tem as qualificações certas. Mas abra mão da exigência de fazer curso após curso antes de se atrever a fazer alguma coisa.

À medida que fui me aprofundando no tema da gestão de tempo e fui subitamente reconhecida como "especialista", muitas vezes me questionei se de fato sabia tanto assim sobre o assunto. Pensei que certamente ainda existiam muitas ferramentas e muitos métodos e truques que eu ainda não conhecia. Eu ficava sem graça ao ser chamada de "especialista". Depois, li o livro *Trabalhe quatro horas por semana*, de Timothy Ferris, que diz: "Em primeiro lugar, expert no contexto de vender um produto significa que você sabe mais sobre o assunto do que o comprador. Nada além disso. Não é necessário ser o melhor — apenas melhor do que um pequeno número-alvo de clientes em potencial."[35] Que alívio! Ao pensar nisso, aceitei emocionalmente o "status de especialista" e cresci nesse processo. Se você sabe mais do que as pessoas com quem compartilha seus conhecimentos, então você é um especialista. Se já pode usar esse conhecimento para ajudar as pessoas a resolverem problemas, então você é bom o suficiente. É claro que você pode — e deve —continuar a aprender e evoluir. Seja curioso e permaneça assim! Mas, para começar, esse conhecimento-chave já basta.

Livre-se também da afirmação de que você precisa ter um certificado para tudo. Já conversei com várias pessoas que queriam mudar de profissão e sabiam exatamente que tipo de vaga queriam, mas não se candidatavam por falta de um diploma na área. Muitas vezes já haviam executado as funções requisitadas e tinham muita experiência naquilo — mas certificado algum. Candidate-se à vaga! Deixe claro que você tem *experiência* na área do emprego de seus sonhos. Afinal, muitas vezes, a vivência prática vale muito mais do que o conhecimento teórico.

Uma princesa ganhou um belo pássaro que cantava. O joalheiro da corte fez uma gaiola de ouro, e assim a ave podia alegrar o quarto da princesa com seus cantos.
Mas, alguns dias depois, ele se calou. E a princesa ficou muito triste. Chocado, o rei chamou todos os sábios do reino para fazer o pássaro cantar novamente. O primeiro sábio recomendou uma dieta em alimentos raros que soltassem as cordas vocais da ave. O outro pregou na parede fotos felizes de terras longínquas. O outro leu textos engraçados para o pássaro. Mas de nada adiantou — o silêncio permaneceu.
Então um jovem andarilho ouviu falar da princesa triste e do pássaro mudo. Ele bateu no portão do castelo e ofereceu ajuda. O rei e sua corte riram dele. "Os homens mais sábios do reino vieram aqui e ninguém ajudou. Então é você, andarilho estúpido, que vai encontrar uma solução?"
Mas, como não tinha alguma coisa a perder, o rei deixou o garoto entrar no quarto da princesa. O andarilho olhou para o pássaro e disse: "Se deixar o animal livre, ele cantará novamente!" A princesa olhou-o, admirada. Ela abriu a gaiola de ouro, o pássaro saiu voando pela janela aberta até o céu azul, deu algumas voltas, pousou no parapeito e começou a cantarolar alegremente. "Como você sabia que ele voltaria a cantar se ficasse livre?", perguntou a princesa. Então o jovem disse: "É a experiência. Eu também canto quando desfruto da liberdade de minha existência errante."

26. Tchau, intuição! Olá, fatos!

O que acha de números, datas, fatos? Gosta de cálculos? Gosta de coletar informações detalhadas? Gosta de criar visões gerais e avaliações? Se você respondeu sim a essas perguntas, este capítulo não vai fazer muito sentido para você.

Se não, por favor, continue lendo! Se você não é um gênio da matemática, é mais provável que tenha dificuldade com números, fatos e visões gerais.

Não é o fim do mundo, mas, às vezes, isso pode deixá-lo insatisfeito ou até empacado. Isso porque você não toma as decisões que deveria tomar na hora certa ou porque tem preocupações vagas que o paralisam.

Muitas vezes ficamos estagnados porque nos faltam os fatos necessários para dar o próximo passo. Porque o coração diz: "Isso nunca vai dar certo", mas a cabeça não larga o osso porque precisa de mais informações.

Exemplo: Mark queria fazer um curso à distância sobre um tema de interesse pessoal, mas está sem dinheiro. Ele me disse que tem três filhos para alimentar — sem chance de arranjar doze mil euros. Perguntei se o valor deveria ser pago de uma só vez, no início do curso. Surpreso, ele olhou para mim. "Não sei, só vi o valor total!" No dia seguinte, ele me ligou e disse que o valor poderia ser pago em parcelas, uma a cada semestre, portanto três mil euros de cada vez. Também era possível pagar mensalidades: quinhentos euros. Quando ficou sabendo, ele se inscreveu na mesma hora.

Outro exemplo: um cliente de coaching disse que só poderia assumir o emprego dos sonhos e largar o atual quando tivesse cem mil euros em fundos de investimento. Contar com essa garantia preservaria seu sono à noite. Quando perguntei quanto já tinha guardado, ele pensou por um momento e depois encolheu os ombros. "Sinceramente, não sei." Na sessão de coaching seguinte, ele estava radiante e me disse que, surpreendentemente, já tinha mais de cem mil euros na conta. O caminho para o emprego dos sonhos estava aberto.

Trivial? Sim! Mas, muitas vezes, é a realidade. Não é incomum ficarmos paralisados por falta de informações relevantes. Especialmente no que diz respeito a números e dinheiro. Como seria útil ter como disciplina escolar os fundamentos da formação de capital ou administração de empresas. Isso nos ajudaria a ter uma base financeira saudável desde cedo.

Você tem algum projeto empacado no momento? Em que áreas de sua vida você não investe a devida energia?

Reúna todos os números, dados e fatos, e os disponha de maneira clara. Ter acesso a informações torna seus projetos tangíveis e, portanto, decisivos. Muitas vezes já temos tudo de que precisamos — só não sabemos ainda!

27. Esqueça as promessas mirabolantes

Sou uma sonhadora, uma pensadora insaciável, uma visionária. Amo o que faço. E, mesmo que eu esteja sempre envolvida em alguma atividade, lançando projetos novos, dando entrevistas, seminários e palestras, estando num avião ou hotel, revisando meus escritos no fim de semana, preparando cursos e palestras, formando parcerias, escrevendo posts de blogs ou gravando meu podcast, não me parece "trabalho" no sentido de "Ah, não, já é segunda-feira de novo!". Eu trabalho muito, mas sei deixar meus afazeres de lado e gosto de aproveitar meu tempo livre.

Por isso, o ditado "Dinheiro não dá em árvore" sempre me aborreceu, porque passa a impressão de que só quem se sacrifica ganha dinheiro. Eu estava convencida de que não era preciso me matar de trabalhar para ter sucesso, que ele poderia ser alcançado com certa facilidade. Era o que eu achava.

Então, de repente, apareceram em meu radar gurus que prometeram que eu ficaria rica sem trabalhar pesado. Eles me prometeram um faturamento de 21 mil euros no prazo de um mês a partir de um engenhoso sistema de e-commerce. Outros afirmaram que qualquer um podia se tornar milionário da noite para o dia graças ao YouTube. E outros ainda queriam me mostrar como eu poderia ter um salário de cinco dígitos em cinco passos simples.

O que aprendi quando criança no contexto do funcionalismo público martelava em minha cabeça: o que vem fácil vai fácil! E então só observei. Ouvi falar de colegas que gastaram uma fortuna na esperança de enriquecer rapidamente. Eles se inscreveram em cursos on-line supercaros e seminários de fim de semana com "especialistas" que lhes prometiam sucesso retumbante. Produziram um monte de vídeos para se tornarem os reis da cocada preta da publicidade no YouTube. Passaram meses investindo na imagem de "guru dos negócios" que tem uma performance perfeita. Pagaram dezenas de milhares de euros em serviços de marketing para divulgar seus produtos digitais.

E então quebraram a cara, pois o sucesso não se concretizou.

Quem enriqueceu foram os mesmos que enriqueceram durante a corrida do ouro no século xix. Não os mineiros, mas quem vendeu as pás.

É claro que também há muitos fornecedores bem conhecidos que acompanham seus clientes passo a passo rumo ao sucesso, e eu valorizo, de verdade, o êxito financeiro conquistado por eles e pelos prestadores de serviços de infraestrutura. Mas me parte o coração ver o quanto os "experts" do mercado brincam com as esperanças dos outros.

Sei que este não é um fenômeno novo — os fornecedores sempre enriqueceram rápido e encontraram boas pessoas que lhes deram esse dinheiro. O mundo digital brilhante e suas possibilidades são apenas um exemplo novo do conto de fadas que diz ser possível alcançar enorme sucesso "da noite para o dia".

Eu não conheço ninguém que tenha montado um negócio de um milhão de dólares do zero. Todas as pessoas bem-sucedidas (inclusive financeiramente) de alguma forma prepararam, plantaram e fertilizaram a terra muito tempo antes de começarem a ter sucesso. Então, em primeiro lugar, investiram: dinheiro, tempo, aprendizado. Talvez isso seja só uma de minhas crenças — mas sou grata, pois me protege de ter gastos irracionais.

A boa notícia é que também são as plantas que crescem aos poucos e naturalmente, e não os pequenos brotos que aparecem do nada no chão, que vão durar em vez de perecerem como uma coisa efêmera. Andy Warhol estava certo com sua previsão "No futuro, todos terão seus quinze minutos de fama",[36] mas não vai passar disso. E não é assim que você vai ficar rico.

Ganhar dinheiro no YouTube? Claro que é possível, mas não sem compromisso, poder e investimento! Conheço pessoalmente vários youtubers e acompanho suas carreiras. Julien Bam, por exemplo, é um dos mais bem-sucedidos da Alemanha, e seu canal tem mais de quatro milhões de inscritos. Ele compõe, dança e canta, toca vários instrumentos e sabe produzir vídeos como ninguém. Em 2012, Julien postou seu primeiro vídeo e, desde então, mantém publicações semanais. Sucesso da noite para o dia? Não! Talento e persistência. E, por favor, não confunda métricas de redes sociais com ganhos financeiros! Julien diz que ganha 21 mil euros com os cliques em seus vídeos, mas que, com todas as despesas com salários, figurinos, locações, adereços, aluguel etc., os vídeos, no fim das contas, dão prejuízo.[37] Eles, no entanto, reforçam a imagem do artista e abrem as portas para parcerias lucrativas.

O músico Harry Belafonte disse uma vez: "Demorei trinta anos para ficar famoso da noite para o dia." Infelizmente, muitas vezes, esquecemos como essa frase é verdadeira. Portanto, não sonhe em ter sucesso rápido, mas prepare o terreno, semeie, fertilize — e depois colha os frutos. Algumas coisas vêm com o tempo.

Ou, como dizem os chineses: a grama não crescerá mais rápido se você puxá-la.

28. Resolver por conta própria? vsf!

Você conhece o cubo mágico? Aquele de seis cores? Na adolescência, eu cismei que tinha que resolver o quebra-cabeça. Fiquei horas concentrada em girar, raciocinar e xingar. No fim, fiquei desesperada porque não conseguia avançar. Desmontei o cubo, separei os segmentos por cor e assim os juntei. Para fechar com chave de ouro, passei banha nos módulos de plástico para ficarem grudados.

Eu sempre observava boquiaberta meus colegas de classe girando o cubo em uma velocidade incrível, terminando de ordenar as cores em segundos. Quando a banha do meu cubo começou a ficar rançosa depois de alguns dias, joguei-o nas profundezas do meu armário e esqueci essa história. Cubo mágico? Tô fora!

Avançando na máquina do tempo: já mãe de dois filhos, um deles me traz um cubo mágico. Rindo, conto sobre meu doloroso fracasso e meu truque com a banha. Meu filho me olha com dó: "Mas, mãe, na internet tem tutoriais que ensinam a resolver!"

Peraí! Quer dizer que, para resolver o cubo mágico, não é preciso ter uma habilidade mágica? Basta aprender uma técnica simples? Não sei se você me acha burra ou ingênua, mas nenhum de meus colegas de classe me contou isso e, quando adolescente, não me dei conta de que talvez houvesse uma técnica por trás de tudo.

Decidida, naquela noite peguei o cubo mágico do meu filho e, de repente, reconheci um padrão que me intrigou durante toda a vida: sempre achei que tivesse que descobrir intuitivamente como as coisas funcionam. Encontrar uma solução própria. "Tem um manual de instruções!" — essa frase deixava claro para mim quantas vezes tinha tentado sozinha e quanto tempo havia despendido para isso, embora teria sido muito mais fácil recorrer a técnicas e ferramentas consolidadas.

Bem, é divertido mergulhar em questões, e, certamente, é minha parte criativa-caótica que não gosta de seguir instruções. Você sabia que existem três maneiras de aprender alguma coisa? Caminho 1: conhecimento declarado (livros, instruções, seminários). Caminho 2: tentativa e erro. Caminho 3: imitação. Qual é seu tipo de aprendizado? Você lê manuais de instruções ou vai por tentativa e erro?

Tentar por si próprio pode ser divertido, mas eu poderia ter poupado tempo e neurônios se tivesse procurado técnicas e as aplicado.

O que você teve de aprender por conta própria, embora um curso, tutorial ou manual pudesse ter ajudado a cumprir o objetivo cem vezes mais rápido? O Excel? Edição de vídeos? Air Fryer? Como dar uma ótima palestra com uma ótima oratória? Como enterrar a bola de basquete na cesta? Como dançar o chá-chá-chá? Como se comunicar de forma convincente? Para tudo isso, existem técnicas e métodos maravilhosos.

Como você lida com o cubo mágico? Quais desafios você pode resolver por meio de técnicas consolidadas?

29. Pare de choramingar!

Você passa muito tempo se lamentando? Reclamando, choramingando, criticando? Eu não estou falando em desabafar quando algo o aborrece. Quero dizer lamentar o que você não pode mudar porque está além de seu controle (clima, preço das ações, decisões gerenciais) ou lamentar o que você não quer mudar. Em minhas palestras, o público, geralmente, responde que passa entre cinco minutos e duas horas por dia de mimimi.

Suponha que você passe dez minutos por dia reclamando de coisas que não pode ou não quer mudar. Em uma vida de setenta anos, isso equivale a 255.500 minutos — sem contar os anos bissextos. Isso é cerca de 177 dias de sua vida. Para comparação: segundo uma pesquisa sobre o beijo, passamos 76 dias beijando alguém em uma vida de setenta anos.[38]

Você passa 177 dias da sua vida chateado e apenas 76 dias beijando! Coloque esses números na cabeça e pare de choramingar! E faça com que os resmungões ao seu redor também parem. Isso não só poupa um tempo valioso, mas é altamente benéfico para seu bom humor e motivação.

Pare de procurar problemas — talvez não haja um. Abandone sua necessidade de reclamar sobre as pessoas, as situações e os eventos que o incomodam ou desagradam. Não são os fatores externos que influenciam seu humor, é a forma como você os vê. Solucione os problemas que você pode resolver. O resto, aceite como é.

"A dor é inevitável, o sofrimento é opcional", diz Saliya Kahawatte, que perdeu a visão aos quinze anos de idade e cuja história foi contada no filme *De encontro com a vida*.[39]

Pare também de criticar as outras pessoas o tempo todo. O que lhe dá o direito de achar que é mais esperto que os outros? O que lhe faz ter tanta certeza de que sua visão das coisas é a "certa"? Somos todos diferentes e, ao mesmo tempo, somos todos iguais. Todos querem ser felizes, amar e ser amados e ser compreendidos. Abra-se para as diferentes visões de seus semelhantes. Se você rejeita algo que não conhece — trata-se da mais alta forma de ignorância!

Tome a decisão de parar de reclamar. Inspirada no reverendo Will Bowen, de Kansas City, no lançamento de um dos meus livros, mandei fazer pulseiras pretas nas quais se lia o título do livro: "Você consegue". Eu as distribuí em minhas palestras e convidei os espectadores a usá-las e a trocá-las de braço toda vez que resmungassem. Então eles deveriam pensar em algo para elogiar, algo que trouxesse alegria, e, em seguida, colocar a pulseira de volta no braço em que estava inicialmente. A ideia é que o adereço não precise ser usado por mais de 21 dias.

Se você conseguir fazer isso por um dia, então é possível melhorar: ao olhar para a pulseira sempre procure algo positivo e fique feliz por isso. Sinta o quanto sua vida de repente se tornará mais bela e fácil — porque você dirigirá seu olhar para o belo.

30. Não fique chateado: aprenda

O que você faz quando fica com raiva? Quando fica muito irritado porque alguém se comportou de maneira inapropriada em relação a você? Ou quando um projeto não saiu do jeito que você queria? Algumas pessoas bufam, gritam e se enfurecem. Outras engolem a raiva. Ambas as atitudes fazem mal a longo prazo.

Hoje eu gostaria de apresentar uma possibilidade de como lidar com situações irritantes de forma saudável(!). Tudo aconteceu quando relançamos meu blog, em 2011, e montamos uma loja on-line para meus livros. Uma agência digital me apresentou amostras de outros clientes e soluções. Tudo parecia ótimo, era assim que eu queria que ficasse. Recebi uma proposta de cinco dígitos, assinei-a e as páginas deveriam estar no ar antes das minhas férias em agosto.

Pouco antes de sair de férias, recebi a mensagem de que o trabalho estava pronto. Fiz o login na intranet da agência — e fiquei confusa. O blog tinha sido criado, mas não havia nem ao menos um dos seiscentos posts que eu já tinha publicado. A loja estava pronta, mas, quando fiz um pedido, a fatura não foi enviada em PDF, como me mostraram quando fechamos a proposta, mas através de e-mails feios e sem formatação. Liguei para o gerente e falei que as páginas estavam longe de estar prontas. Faltava o conteúdo, e a solução da loja também era diferente da apresentada. Ele respondeu: "Fizemos exatamente como está escrito na proposta. Realizamos o relançamento visual do blog, mas a relocação de conteúdo não foi acordada." "A loja também está diferente do que você me mostrou." "Sim", disse o CEO. "Nós mostramos o melhor dos melhores. Você praticamente viu um Porsche, mas pediu um Fiat Palio, então não é culpa nossa."

Não soube o que responder e desliguei. Depois fiquei com raiva, muito revoltada e furiosa por causa desse atrevimento da agência. Como eu era leiga nesse mundo digital, não estava familiarizada com os termos da proposta. Eu havia presumido que o resultado seria o que fora apresentado. Ainda hoje me vejo que nem uma doida em meu escritório, chorando, xingando e me desesperando. De repente, me veio uma frase à cabeça: "O que você pode aprender com essa experiência, Cordula? Por que a vida está mandando esse problema agora para você? Qual é seu desafio? Qual é a lição?"

Meu primeiro impulso foi responder: "Aprendi que só tem babaca no mundo." Mas então percebi qual foi meu aprendizado. Quando eu quero uma coisa, eu quero agora. Não dedico um tempo para me inteirar do assunto, questionar propostas, obter uma segunda opinião, refletir, deixar as coisas amadurecerem. Com tanto imediatismo, acabo me precipitando. Reconheci um padrão por trás disso — eu já tinha agido dessa maneira outras vezes, e, na maioria delas, tinha dado errado. Eu sou a rainha da pressa, e pago o preço.

Da próxima vez que quiser fugir ou se esconder, lembre-se de que a vida dá presentes embalados como um problema.

Que presente que você recebeu pode estar fantasiado de problema? O papel de embrulho pode ser feio, mas o brinde para seu crescimento interior é muito valioso.

31. Domesticar a mente de macaco? Esqueça.

Meditar é saudável. Reduz o estresse. Ajuda no amadurecimento. Já na adolescência eu adorava fazer tai-chi, praticar a técnica de relaxamento progressivo de Jacobsen ou treinamento autógeno. Mas a meditação me parecia impossível. Assim que eu tentava pensar em nada, o carrossel de pensamentos, minha "mente de macaco", começava a girar cada vez mais rápido. Nem sinal daquela serenidade dos budistas.

Duvidei de mim mesma, da minha força de vontade. Mas, quanto mais eu evitava pensar, mais eu pensava "Isso não pode ser tão difícil", e me propus a aprender a meditar "direito".

Consegui mais rápido do que pensava! De acordo com o dicionário, meditamos quando contemplamos, quando nos voltamos para dentro. Meditar significa guiar pensamentos, equilibrar sentimentos, ter atenção plena no aqui e agora. Nem no dia de ontem, nem de amanhã. Neste instante. Mas isso não significa pensar em nada.

É possível fazer isso brigando com a mente de macaco e tentando calá-la? Não, mas podemos fazer dela nossa amiga e dar a ela algo para fazer, como prestar atenção na respiração. "É claro que os pensamentos virão, e não tem problema, desde que você continue observando a respiração", diz o monge budista e instrutor de meditação Mingyur Ringpoche.[40]

A boa notícia é que podemos meditar de muitas maneiras — todas são válidas. Podemos estar no aqui e agora seguindo a respiração ou levando a mente a prestar atenção a cada parte do corpo (*bodyscan*). Podemos utilizar técnicas ensinadas em cursos ou aplicativos. Você pode meditar caminhando, colocando conscientemente um pé na frente do outro em linha reta. Você pode meditar sobre uma frase ou uma imagem, ou olhar para uma parede branca sentado em um banco para medição zen. Yoga, qigong ou tai-chi — tudo o que ajuda você a permanecer no momento presente é um tipo de meditação. Você pode ouvir as guiadas, com ou sem música. Pode visitar seu "jardim interior" — não há certo ou errado!

Mas você também pode prestar atenção à vida cotidiana e "meditar" sobre ela. Observe seus movimentos normais nas próximas horas: você consegue permanecer focado no presente sem precisar fazer muito esforço? Faça isso com mais consciência e frequência.

Você pode manter sua mente de macaco ocupada tocando seu nariz sob o sol, no meio da calçada ou ao caminhar conscientemente até o metrô. Você pode sentir o momento em que se move, se toca (fazendo massagem ou pressionando os meridianos da medicina chinesa), dança, canta. Você pode estar no aqui e agora enquanto pratica arvorismo, rafting ou tiro com arco e flecha. Enquanto pica cebolas, passa pano ou limpa os sapatos. Basta fazer qualquer dessas atividades com total atenção e amor. "A atenção plena o traz de volta ao presente", diz o monge e poeta budista vietnamita Thich Nhat Hanh. Como ele está certo!

E você? Quais técnicas de postura, respiração, movimento, mantra ou canto você pode usar para manter sua mente de macaco ocupada? Não importa qual ajude — todas estão certas!

O estudo "ReSource", realizado pelo Instituto Max Planck, em Leipzig, comprovou isso.[41] Durante um período de onze meses, em três módulos (presença, efeito e perspectiva), os voluntários praticaram técnicas como a observação da respiração ou de cada parte do corpo, a meditação da bondade amorosa ("meditação do coração") ou uma mudança de perspectiva. Estudos de neuroimagem, exames de sangue ou autoavaliações eram realizados constantemente, mostrando como os exercícios mudavam o cérebro, a saúde e a sensação de felicidade.[42]

Curiosamente, a despeito da técnica utilizada, todas as pessoas se sentiram menos estressadas e relataram melhora na percepção corporal. Contudo, segundo os exames de sangue, no caso de estresse social — o medo de ser criticado por outros e não atender a suas necessidades —, apenas uma técnica *realmente* ajudou a reduzi-lo.

Ao passo que os exercícios de atenção plena como respiração ou a observação do corpo não ajudaram a baixar o marcador de cortisol que indica o estresse no sangue, a "dupla contemplativa" teve um efeito considerável. Os participantes que mantiveram conversas antes de uma aula e se abriram para uma escuta empática e sem julgamentos para o outro mostraram um nível de cortisol cerca de cinquenta por cento menor.[43]

Qual meta você quer alcançar com a meditação? Qual poderia ser seu caminho para ter atenção plena no aqui e agora na vida cotidiana? Você quer ficar mais calmo, relaxado, focado? Quer reduzir o medo de falar em público e o estresse social? Encontre seu caminho para chegar lá.

32. Respire!

Bem, não deve ser muito difícil, não é? A respiração é algo que fazemos de maneira automática. Sim, mas, infelizmente, não é bem assim.

    Muitas vezes não fornecemos ao corpo e ao cérebro a quantidade de oxigênio de que precisamos para nos manter calmos e relaxados, e ficamos sufocados, sob estresse. Nós respiramos muito superficialmente, porque nos falta ar fresco.

    Inspire e expire com consciência e de forma profunda todos os dias. Relaxe e se alongue depois de acordar, boceje com atenção e prazer. Toda vez que você sair de casa, inspire e expire profundamente. Se seu computador estiver lento, use o intervalo para respirar alegremente (em vez de ficar irritado com a máquina).

    Restabeleça a serenidade com a respiração das narinas alternadas. Essa prática equilibra as duas metades do cérebro, traz equilíbrio, paz e harmonia interior. Muitas vezes, eu mesma uso essa técnica em meu dia a dia e também depois do intervalo de almoço com os participantes do meu seminário.

A RESPIRAÇÃO DAS NARINAS ALTERNADAS É ASSIM:
Sente-se com a coluna ereta. Sinta sua respiração. Coloque a ponta do dedo indicador entre as sobrancelhas, toque levemente uma das narinas com o polegar e a outra com o dedo médio ou anelar. Certifique-se de que a posição da mão está confortável. Expire profunda e lentamente. Feche a narina direita com o dedo, pressionando suavemente em direção ao septo nasal. Inspire devagar pela narina esquerda. No fim da inalação, solte o dedo e feche suavemente a narina esquerda com o outro dedo. Expire pela narina direita. Inspire novamente pela narina direita. Troque os dedos, exale pela narina esquerda.

Repita cerca de dez vezes, com cuidado e devagar. Certifique-se de que está relaxado e que a posição das mãos permanece confortável. Termine o exercício exalando pelas duas narinas. Perceba como se sente.

Se estiver se sentindo confiante após praticar esse exercício por algum tempo, você também pode apenas "fechar" mentalmente as narinas e praticar em qualquer lugar — no trem, no trabalho, no teatro.

Use técnicas como respirar em 4-7-8 quando você não conseguir adormecer. Desenvolvido pelo médico americano Andrew Weil, esse método nos ajuda a cair nos braços de Morfeu em poucos minutos. É baseado em um antigo exercício de respiração do Raja Yoga, o Pranayama, que age como um sedativo natural no sistema nervoso, aliviando a tensão.

E ASSIM É A TÉCNICA DE RESPIRAÇÃO EM 4-7-8:
Deite-se na cama, na posição em que você quer dormir. Esvazie os pulmões. Agora respire calma e uniformemente pelo nariz, contando até

quatro. Então prenda a respiração e conte lentamente até sete. Expire enquanto conta até oito. Portanto, a exalação deve demorar o dobro do tempo da inalação. Não se atenha aos números — eles são apenas uma ferramenta para acalmar a respiração. Repita esse procedimento por quanto tempo quiser — ou até adormecer. Presenteie seu corpo com oxigênio — sua porção de serenidade.

33. O que não entra na fatura

Na filosofia havaiana, existe a crença profunda de que todos os que têm algo devem compartilhar com os outros. Na beira da estrada em Molokai, a ilha onde eu morei com minha família por alguns meses, há mesas de madeira com frutas e verduras e uma placa ao lado dizendo: "Para você! Sirva-se!" Não demoramos a perceber que compartilhar não se limita a bens materiais, mas cada um de nós pode dar algo: conhecimento, ajuda, experiência.

"Partilha" é como os havaianos chamam essa experiência. Partilhar. O importante é agir assim porque gosta de fazer isso, sem esperar algo em troca. Claro, todos gostam de receber um "mahalo", ou "obrigado", mas nada além disso. Porque, na "partilha", os doadores também ganham. Eles se sentem bem por ter ajudado. Isso libera o "hormônio do amor", a oxitocina, que nos aquece por dentro. No cérebro, o centro de recompensa é ativado e nos sentimos felizes.[44]

Aprendi no Havaí que partilhar e dar sem esperar algo em troca sempre foi importante para mim. E, pensando em retrospecto, acho que a generosidade foi a base do sucesso que tenho hoje.

"As pessoas calculam demais e pensam de menos", diz o investidor americano Charlie Munger. Graças a Deus eu não sou uma delas. Pensando em como estou hoje, eu não deveria ter feito muitas coisas, porque não valeram a pena. Minha newsletter, por exemplo, que criei em 2004 para quatro(!) participantes do meu seminário. Do ponto de vista da gestão empresarial, foi uma decisão idiota — um e-mail cheio de dicas que eu levava várias horas para escrever. Minha motivação, no entanto, era dar aos participantes formas de facilitar suas vidas, muito mais do que eu imaginava. Eu gostava de compartilhar e gostei de me familiarizar com a nova técnica. Depois, peguei gosto pelos blogs, podcasts, meus conteúdos gratuitos. Há anos dou dicas só pela alegria de compartilhar. É claro que também gosto de ganhar dinheiro, mas, curiosamente, uma coisa não exclui a outra. Pelo contrário. Tenho a sensação de que, quanto mais generosa sou, e quanto menos espero receber, mais presentes a vida me dá, mais oportunidades para projetos interessantes e mais pedidos de livros eu recebo.

O que você pode compartilhar? Como pode ser generoso? Pergunte-se várias vezes ao dia o que você pode dar ao mundo — não o que pode receber. Quando você dá, recebe de volta dezenas de vezes. Quanto mais compartilhamos, mais felizes e mais bem-sucedidos nos tornamos. Cientificamente, isso é até comprovado: todos os anos, o World Giving Index mede o status de bem-estar relacionado à generosidade dos habitantes de cada país. Alguns anos atrás, Austrália e Nova Zelândia estavam no topo da lista dos que mais "dão" e "são felizes".[45] Em 2016, Mianmar liderou o ranking mundial de país que mais compartilha.[46]

O valor do compartilhamento tem sido cada vez mais proclamado. O mais importante não é "querer ter", mas, sim, dividir.

Apartamento, furadeira, garagem, carro, bolsas — quase tudo pode ser partilhado por meio de plataformas como Carsharing, Airbnb e Leihdirwas.

Você não tem onde morar, não tem furadeira, não tem carro? Então compartilhe um sorriso ou um pouco de gentileza. Dos Estados Unidos vem o movimento "Random Acts of Kindness" (ou Atos Aleatórios de Gentileza, RAOK). Isso nos torna conscientes (novamente) de como podemos fazer o mundo um lugar melhor para viver com gestos empáticos. Porque você — sem expectativa e sem avisar a outra pessoa — paga o café para quem está na mesa ao lado. Porque você limpa a neve na frente da casa do vizinho. Porque você faz um *espresso* para o entregador. Porém, o incentivo à generosidade não é um fenômeno atual. Há cem anos, os italianos fundaram o *caffè sospeso* nos bairros pobres de Nápoles. O cliente pagava por dois *espressos* — um para si mesmo e outro para que um trabalhador pudesse pedir um de graça.

Para quem você pode comprar um *espresso* hoje?

34. Estresse antes do café da manhã?

Eu adoro dicas de sucesso de pessoas que fizeram a diferença no mundo. Algumas me inspiraram — despertaram em mim o desejo de dar o meu melhor. Outras me deixaram frustrada logo de cara. Por exemplo, os dez hábitos das pessoas de sucesso, o que elas fazem ANTES do café da manhã.[47]

1. Levante-se cedo: noventa por cento das pessoas bem-sucedidas se levantam antes das seis da manhã nos dias de semana. Algumas delas, às quatro.
2. Beba água.
3. Arrume a cama.
4. Faça exercícios físicos (treinamento funcional, crossfit, tênis).
5. Medite.
6. Leia. Não e-mails ou postagens no Facebook, mas algo que alimente o cérebro.

7. Faça uma lista de coisas pelas quais é grato.
8. Planeje o dia.
9. Dedique-se ao seu sonho e faça algo concreto para realizá-lo.
10. Passe um tempo de qualidade com a família.

Eu não sei como você se sente de manhã. Eu me sinto péssima. Quando o alarme dispara às seis horas, ainda não estou plenamente descansada. Bocejo. A ideia de me levantar às quatro da manhã para ter pelo menos duas horas para mim é absurda, mas eu tento de tudo — até as dez melhores dicas matinais das pessoas bem-sucedidas.

Vamos ao ponto — depois de quatro dias eu estava tão cansada que adormeci no chão da sala enquanto meditava. No escritório, depois do almoço, eu não conseguia escrever uma linha nem mesmo depois de tomar cinco *espressos*. À noite, um dia, eu voltei para casa a pé, embora tivesse ido de bicicleta. No dia seguinte, eu nem mesmo ouvi o despertador tocar.

A Nussbaum não tem disciplina! Não tem sangue nos olhos! Sim, verdade pura! Eu sou um fracasso. Não consigo nem mesmo adotar a simples rotina matinal dos bem-sucedidos.

Será que me odeio? Ou será que odeio as dicas incríveis de coisas a fazer antes do café da manhã? No início, escolhi a alternativa 1 — e me senti mal. Então vamos para a alternativa 2 — dicas estúpidas de pessoas que certamente não têm filhos... e com certeza tem uma governanta... e olhe lá! Pouco a pouco, a variante 3 veio à tona. Refleti sobre isso e percebi: é claro que os bem-sucedidos não seguem *todas* as dicas *todos* os dias. No calor do momento, eu havia esquecido. Um faz isso, o outro faz aquilo.

O que está no âmago dessas dicas: separe um tempo para você e seus familiares antes de começar a vida. E essa é uma boa forma de iniciar o dia, em minha opinião. E você? O que essas listas lhe passam?

São uma inspiração para mudar seu comportamento ou fazem você se sentir culpado por ser tão preguiçoso e indisciplinado? Diga "vsf!" para as listas — e escolha as sugestões que realmente fazem sentido para você e que se encaixem no seu dia a dia.

35. Livre-se do "É, mas..."

Quem inventou a palavra "mas"? Não a palavra, mas o significado por trás dela? Um "mas" traz consigo uma enorme força destrutiva e acaba com qualquer vontade de mudança, qualquer motivação e poder criativo. É uma destruidora de sonhos e de oportunidades, uma possível assassina.

Você já viveu a seguinte situação em reuniões ou em seu círculo familiar? Você está entusiasmado com uma ideia, uma possibilidade, algo vem como uma explosão ou sai com timidez — e logo um "É, mas..." passa por cima de você e arranca o delicado broto da ideia.

E, se não são os outros que cortam sua onda, você mesmo o faz. Trabalhar menos e aproveitar a vida? Mas você vai viver do quê? Fazer aula de surfe? E se você se machucar?

Às vezes, o "mas" esconde um medo — nosso ou dos outros. Leve esses medos a sério e os dissipe. No entanto, para todas as outras questões, aplica-se o seguinte: livre-se de seu "É, mas..." dizendo "Sim, exatamente!"[48]

Pense em um diálogo e responda a cada frase com "É, mas...". E então comece cada frase com "Sim, exatamente...!". Um "É, mas..." destrói a criatividade e a consciência da solução. Um "Sim, exatamente!" lança o míssil das possibilidades.

Acostume-se, também no diálogo consigo mesmo, a partir de agora, a contrapor cada "É, mas..." com um "Sim, exatamente!". Dessa forma, acontece uma grande mudança de perspectiva — em vez de pensar em falhas, você pensa em soluções. Em vez de criticar, você vê o que é bom e viável.

Legal? Sim, exatamente!

36. Não encha a cerca de pregos

Eu gosto de pessoas emotivas. Eles mostram o que sentem. São sinceras sobre o que as aflige. Mas, às vezes, é melhor respirar fundo antes de atacar os outros.

Tiny Tim se irritava muito rápido. Um dia seu pai lhe deu um martelo, um saco de pregos e disse que ele poderia enfiar um prego na cerca do jardim quando se zangasse, em vez de descontar sua raiva nos outros.
No primeiro dia, Tim martelou furiosamente treze pregos na cerca.
No segundo dia, foram nove. No terceiro dia, o menino martelou mais três pregos na cerca, porque percebeu que era cansativo ir até os fundos da casa e ter que martelar.
Um dia, quando Tim não martelou nenhum prego na cerca, o pai lhe pediu para arrancar um prego a cada dia, e ele não se zangou. Algumas semanas depois, todos os pregos tinham sido retirados. O pai pegou Tim pela mão e foi até a cerca.

Ele disse: "Muito bem, meu filho. Estou orgulhoso de você. Mas veja todos os buracos na cerca, ela já não é como era antes. Lembre-se disso da próxima vez que estiver com raiva de alguém e quiser falar alguma coisa. Suas palavras podem deixar uma cicatriz, como os pregos na cerca. Mesmo que você peça desculpas, a ferida estará lá."[49]

Que pregos você martelou na cerca da sua vida? A quem vai pedir desculpas? No futuro, lembre-se das "feridas" que infligimos aos outros quando julgamos, ficamos irritados ou magoados. Guarde o martelo e os pregos!

37. Pare de machucar a si mesmo

"Você não tem que acreditar em tudo o que pensa!", disse o comediante Heinz Erhardt. Mas fale isso para seu subconsciente! Ele sempre ouve quando você conversa consigo mesmo. Pense na imagem que seu subconsciente tem de você. Ele o vê como uma pessoa ativa, autoconfiante e determinada que tomou as rédeas das coisas ou como um cara idiota, hesitante e insignificante que não consegue fazer coisa alguma?

Somos mestres em insultar a nós mesmos. Somos nossos maiores críticos, e eu acredito que, se todos os monólogos do mundo fossem ditos em voz alta, os pássaros parariam de cantar, as nascentes secariam e o sol se poria. Que energia negativa!

As palavras têm um efeito sobre nós, sobre nosso bem-estar, nossa motivação, nossa coragem, nossa leveza e nossa serenidade. Inconscientemente, elas nos afetam em frações de segundo, de acordo com o significado que associamos a elas.

A ciência comprovou que as palavras de conotação negativa impedem a produção de substâncias de que precisamos para lidar com o estresse. Aumentam a atividade nas amígdalas, onde processamos o medo. Produzimos mais hormônios ligados ao estresse e restringimos nosso raciocínio lógico. "As palavras que expressam raiva enviam sinais de alarme ao cérebro e afetam o lobo frontal, que comanda a lógica e o raciocínio", escrevem os neurocientistas Newberg e Waldman.[50] Fazia sentido na pré-história: se o tigre dentes-de-sabre o visse, você tinha que correr, não pensar!

Por meio de técnicas de imagem, neurocientistas da Universidade de Jena demonstraram que, se o técnico de enfermagem disser "Você vai sentir uma picadinha agora!" antes de aplicar uma injeção, o centro de dor no cérebro é ativado.[51] Os pacientes sentem dor antes que a agulha penetre a pele!

Em contraste, as palavras de conotação positiva fortalecem as áreas do lobo frontal e melhoram nosso raciocínio lógico.

E mais: no longo prazo, as palavras alteram o lobo parietal — e a forma como percebemos os outros e a nós mesmos. Se somos positivos conosco, vemos as outras pessoas de forma mais amigável. Se somos negativos conosco, temos a tendência de ver os outros de forma mais crítica. Com o tempo, as palavras que escolhemos dizer também mudam a estrutura do tálamo — e, portanto, nossa percepção da realidade. Você vive se chamando de "idiota"? Então pode acabar se vendo em um mundo ruim e sem oportunidades. Assim, uma das frases de Píppi Meialonga, personagem de um livro infantil sueco, "Faço o mundo do meu jeito, nojento como gosto", assume um significado completamente diferente!

Isso significa que, de agora em diante, você deve ser todo elogios consigo mesmo? Não! Por enquanto, basta parar de se bombardear com palavras negativas. Assim que você perceber que quer se ofender, pare, respire fundo e espere a vontade passar.

Não seja duro consigo mesmo se, no começo, essa tentativa não funcionar ("Que idiota, eu já ia me insultar de novo!"), tente encontrar uma formulação neutra ("Olha só, mais uma vez eu ia falar algo que não me valoriza! Vou ficar atento da próxima vez."). Quanto mais você fizer isso com atenção, mais rápido vai evitar entrar por essa via no futuro.

Então fique amigo de sua autocrítica. Importante: nenhum de nós nasce autocrítico. Quando bebês e crianças, somos repletos de autoconfiança, uma característica que, aos poucos, vai sendo minada por nosso ambiente: por meio das críticas, da falta de elogio e de apoio dos pais, dos comentários estúpidos dos colegas ou professores. Como uma esponja, você absorveu tudo isso no decorrer da vida e assim se tornou autocrítico.

Dê um nome a sua autocrítica. Um nome engraçado e simpático, porque a massinha de modelar que existe em você não tem culpa de ter se tornado tão rígida — ela se moldou a partir do que você foi absorvendo.

Chame-a de Alibaba, Barbapapa ou Tuti. E, sempre que você se vir no meio de um monólogo pejorativo, fale com ela: "Ei, Tuti! É você? Como vai? Quer dizer que você acha que a solução que eu dei foi péssima? Ah, está bem! Obrigado pelo conselho, da próxima vez farei diferente." Quem é mais pé no chão vai achar isso absurdo. Mas experimente. Substitua primeiro as frases negativas por declarações neutras, comece a torná-las cada vez mais positivas, incluindo elogios e termos que expressem reconhecimento em seu vocabulário. Concentre-se no que você conseguiu e honre isso com suas palavras!

Mude a forma como você fala — mude sua vida!

38. Não coma o marshmallow... ainda

Em 2010, o palestrante motivacional Joachim de Posada apresentou, em um congresso em Colônia, Alemanha, uma palestra intitulada "Não coma o marshmallow... ainda!". Ele comentou sobre o "Experimento do marshmallow", realizado pelo psicólogo Walter Mischel nos anos 1970. Em sequências de vídeo, nós, espectadores, vimos crianças de quatro a seis anos receberem um marshmallow para escolher entre comê-lo logo ou esperar para ganhar outro mais tarde.

A conclusão do estudo foi a de que as crianças que adiavam a recompensa eram mais bem-sucedidas na vida adulta, ganhavam mais, viviam melhor, eram mais felizes.

Eu achei essa conclusão inadequada. Para mim, a decisão de "comer ou esperar" estava relacionada a fatores como "Será que eu gosto de marshmallows?" (se eu tivesse participado do estudo quando criança, ainda estaria no laboratório até hoje), "Estou com fome?" ou "Quero ir para casa brincar, por isso não quero esperar pelo pesquisador".

Bem, pode ser que os pesquisadores tenham levado todos esses fatores em consideração, mas eu não investiguei isso. Minha percepção era: o sucesso na vida nada tem a ver com o fato de eu estar esperando ganhar um segundo marshmallow ou não.

E eu estava convencida disso — até que peguei um táxi durante uma viagem. Um motorista muito simpático parou para mim no acostamento. Começamos a conversar e ele me disse que era muito bem-sucedido, ganhava muito dinheiro, recebia muitas dicas e estava muito satisfeito com seu trabalho. Fiquei curiosa, porque isso era o oposto das reclamações que normalmente ouço dos taxistas. "Por quê?", perguntei. "Dou preferência a meus clientes assíduos, que marcam corridas em horários determinados, então tenho uma grande demanda de trabalho, não perco muito tempo esperando e levo apenas passageiros legais." Ele só aceitou minha corrida porque não tinha compromissos no dia, então estava livre, não importava meu destino.

"Parabéns por seu modelo de negócio! Não entendo por que seus colegas não fazem o mesmo. Qualquer um pode fazer isso, é só ter foco." "Não", retrucou ele. "Nem todos conseguem, porque a maioria dos colegas que trabalham com marcação de corridas querem ganhar dinheiro rápido e aceitam qualquer um. Depois, não cumprem o combinado. Eles não conseguiriam implementar meu modelo porque valorizam a rotatividade em vez do sucesso no longo prazo."

O experimento do marshmallow veio à minha mente. Então, no fim das contas, Mischel e de Posada estavam certos? Eu ainda não estava convencida. De volta a Munique, à noite, peguei um táxi do aeroporto para casa. Assim que o carro deu a partida, o motorista ficou agitado e começou a fazer telefonemas. Dava para perceber pela voz dele que algo estava errado. Entre uma ligação e outra, perguntei se estava tudo bem. Primeiro, ele disse que sim. E então falou: "Eu combinei de pegar um cliente no aeroporto às 23h50, mas agora estou levando você." Eram 23h35. "Infelizmente, nem meu cunhado nem meu filho podem ir buscar esse cliente." "E agora?", perguntei. "Bem, ele vai se tocar que eu não fui e vai pegar outro táxi."

Foi quando percebi que o experimento do marshmallow estava certo. Se eu tivesse marcado uma corrida à noite e o taxista simplesmente não aparecesse, nunca mais ligaria para ele de novo. Você ligaria? Quem consegue adiar uma recompensa rápida para ter uma recompensa maior — sim, agora tenho certeza — terá mais sucesso, será mais feliz e certamente ganhará mais no longo prazo. "Recompensa postergada" é como os psicólogos chamam esse efeito. Gratificação diferida.

Em que áreas de sua vida você pode abrir mão de ter sucesso rápido para receber uma recompensa melhor mais tarde? Ou esperar com paciência que a semente brote — em vez de arrancar do solo os primeiros brotos do sucesso? Qual marshmallow seria muito melhor comer mais tarde?

39. Tchau, mentalidade de caranguejo!

Você já ouviu falar da mentalidade de caranguejo? Ao que parece, quando estão em um balde, os caranguejos ficam puxando para baixo quem tenta subir. Mas esse fenômeno não foi corroborado por especialistas em vida marinha. É apenas uma metáfora.[52]

É chamado de "mentalidade de caranguejo" o fenômeno em que os habitantes de um "balde" impedem ativamente que o outro saia de seu ambiente familiar. Consciente ou inconscientemente, eles não querem deixá-lo ir. Seja por inveja ("Você não vai se dar melhor do que eu."), seja por medo de perder o outro, seja por hábito ou resistência à mudança.

Muitas pessoas que buscam promoção têm a mentalidade de caranguejo — de repente seus queridos colegas são um empecilho, e elas começam a falar mal deles, começam a fazer chantagem emocional.

Você pode viver na pele essa mentalidade quando tenta mudar algo em benefício próprio e seus amigos, parentes ou vizinhos colocam obstáculos, fazem você se sentir culpado ou criticam seus sonhos.

Muitas vezes, porém, nós mesmos temos essa mentalidade: quando saímos do balde, nos sentimos como traidores. Basta ouvirmos uma observação (ou pensarmos ter ouvido, conforme discutimos no Capítulo 16) ou termos em mente, por qualquer razão, uma imagem fixa. "Há anos digo para mim mesma que se, eu perder peso, vou trair todas as mulheres gordas", escreveu Sabine Asgodom, em janeiro de 2018, em seu perfil no Facebook, depois de emagrecer com uma dieta *low carb*.

Você está em algum balde de caranguejo, mas quer sair? O que seus pares fazem para puxá-lo para baixo e impedi-lo de ir embora? Você se limita porque *acha* que tem que ficar no balde?

Essa consciência, por si só, nos ajuda a sair. Sabine descreve seu momento de epifania: "Percebi que sempre defendi que as mulheres (e os homens) deveriam gostar uns dos outros do jeito que são. E que devem ser do jeito que gostam de ser. E assim superei o último obstáculo para conseguir cuidar de mim."

Enquanto isso, eu mesma consegui sair de alguns baldes, porque, à medida que fui envelhecendo, passei a me importar menos com o que os outros pensam de mim, e estou cada vez menos apegada ao que esperam que eu faça. É maravilhoso! Eu chamo esse estado de "serenidade da maturidade", que comecei a sentir aos poucos depois que fiz quarenta anos.

De qual balde *você* quer sair? O que não lhe convém mais?

40. Saia das redes sociais

Você é um zero à esquerda. Um perdedor. Você tem uma vida muito entediante. Olha só: os outros estão se divertindo para valer numa festa de arromba. E você, não. Eles são populares. Estão se divertindo. E você? Está sozinho no sofá! E olha lá seu colega! Ele postou uma foto da sala onde fará uma apresentação fenomenal amanhã. Para pessoas realmente importantes. E mais uma vez ninguém pediu para você se apresentar. E olha ali, sua velha amiga da escola acabou de receber do marido um buquê enorme de flores, com promessas de AMOR eterno! Quando foi a última vez que você recebeu flores? Nunca!

Você se sente mal na maioria das vezes que acessa o Facebook ou o Instagram porque os outros têm uma vida incrível? E um corpo perfeito? E cônjuges maravilhosos? E filhos fantásticos? E férias inesquecíveis?

Pare de seguir essa gente nas redes sociais, pois isso lhe deixa mal. A boa notícia: não é só você! Porque sua vida não é tão sem graça, sem amor ou improdutiva quanto você acha ao ver as fotos. Pelo contrário.

Sua vida é normal, mas o somatório dos melhores momentos dos outros cria em você a sensação de ser pior.

Os jovens passam muito tempo nas redes sociais. Economistas da Universidade de Sheffield descobriram, em um longo estudo, que, quanto mais tempo os jovens gastam no Facebook, Snapchat, WhatsApp e Instagram, menos ficam satisfeitos com sua própria aparência e família e seu próprio desempenho escolar.[53]

Entre os usuários adultos do Facebook, pesquisadores da Universidade da Califórnia mostraram que um aumento de um por cento na interação (likes, cliques em links e atualizações de status) levou a uma deterioração de até oito por cento no bem-estar.[54] Se os participantes do estudo se encontravam com amigos na "vida real", o bem-estar aumentava.

Mantenha um equilíbrio entre impressões on-line e offline. Só se conecte com pessoas com as quais você possa honestamente se alegrar quando elas viverem uma experiência incrível. Seja porque você é invejoso por natureza ou porque você também testemunha os momentos normais que elas não mostram. Temos uma percepção distorcida da realidade quando só vemos os eventos especiais ou acasos do destino (doença, falecimento de um animal de estimação, roubo de escritório). A vida real é o que acontece entre os altos e os baixos — a chamada "vida cotidiana", mas não seria tão sensacional se eu postasse que lavei a roupa ou quebrei uma unha.

Você sente uma pontinha de inveja ao ver algumas postagens? O que essa sensação lhe diz? Use-a para dar o melhor de si a fim de realizar seus desejos e projetos de vida. Não é o que você quer? Então use essa invejinha como um prelúdio para fazer um exercício de generosidade. Diga em voz alta: "Estou feliz por você estar vivendo momentos tão bonitos e quero, de todo coração, que você os aproveite." Sua vida é boa do jeito que é. Porque é a sua vida.

41. Não acumule

Quantas coisas você tem? Pratos, xícaras, celulares velhos, roupa de cama, canetas, calças, HDs externos, bicicletas, esquis, potes de shampoo?

Segundo o programa Terra X, da emissora ZDF, uma casa média abrigava em, 2016, cerca de oito mil itens.[55]

É claro, há algumas vantagens em ter posses. Dá uma sensação de segurança. Os símbolos de status aumentam nossa autoestima. As bugigangas têm valor afetivo. É divertido colecionar.

Se você ama e aprecia todas as suas coisas — aproveite-as todos os dias!

Mas, se você está sempre discutindo com seus familiares porque tem muita coisa para arrumar, se você não pode fazer uma festa de aniversário porque o salão de festas virou um depósito ou se você perde muito tempo procurando um objeto, então se liberte das coisas. Suma com elas. Jogue fora. Desapegue-se. Doe. Deixe-as ir.

Descubra o minimalismo. Ganhe tempo e sossego ao reduzir suas posses. Certa vez, minha família e eu (um total de quatro pessoas) passamos quatro meses viajando com duas malas pelo Havaí. Que prazer viajar com pouca bagagem! Assim que chegamos em casa, fizemos uma limpa.

Uma boa faxina também é um motor para a realização de nossos sonhos. Pessoas que por muito tempo quiseram fazer a diferença em suas vidas só começaram quando, enfim, conseguiram se livrar de suas coisas. Parece que, à medida que elas se desapegam, há mais espaço e energia para novas atividades.

Pense nos objetos como companheiros. Diga adeus a eles com gratidão depois de algum tempo. Do que você pode se desapegar hoje?

42. Não despreze o que tem

Segundo a lei da repetição, nós nos tornamos melhores e mais autoconfiantes a cada vez que repetimos uma ação. Isso se aplica a praticar atividades físicas ou artesanato, tocar instrumentos ou trabalhar no jardim; aplica-se a atividades mentais como aprender sobre um novo assunto, uma nova língua ou jogar Sudoku; e se aplica até à criação de filhos ou ao casamento. Ao lidar repetidamente com um assunto, você, aos poucos, especializa-se nele e evolui quando os desafios aumentam.

Você poderia olhar para trás e se alegrar com sua jornada de aprendizado, ter orgulho de si mesmo. Poderia.

Infelizmente, tendemos a considerar todas as nossas conquistas e habilidades como naturais. Por isso, não valem de nada. São normais.

Tem muita gente presa na armadilha de considerar tudo normal. Que acha que tudo o que faz pode ser feito por outras pessoas. Mas isso não é verdade! Só porque é fácil para você despertar o interesse do cliente por seu produto, ou porque você editou o folheto com a mão nas costas, não significa que seja normal.

Não despreze o normal, porque essa perspectiva o diminui e impede que você realize seus sonhos.

Se você quer sair saltitando feliz da vida, precisa de chão. E não importa se as outras pessoas ou todos têm um chão "melhor". Trata-se de você estar sempre atento ao *seu* chão. Não caia na armadilha de tomar as coisas como certas e anote do que é feito seu chão em termos de conhecimentos, habilidades e experiências.

Considere também o apoio que você recebeu, o que, a princípio, não é tão óbvio. Recentemente, um homem de trinta anos me disse, indignado, que havia terminado duas graduações, com a nota máxima, mas que, neste país de m..., a educação não vale nada, porque até hoje não tinha encontrado um emprego compatível com sua formação. Olha que droga. Eu lhe perguntei: "Por que você acha que o estudo levaria naturalmente a um emprego compatível? E este país de m... não é muito generoso ao proporcionar dois cursos de graduação de graça?"

Pense em quais conquistas você considera "normais". Pense em sua vida e em seu ambiente: que itens de luxo o rodeiam, o que torna a sua vida agradável?

Algum tempo atrás, um amigo da Índia nos visitou, e, na véspera de sua partida, eu perguntei do que ele mais tinha gostado na Alemanha. Eu esperava ouvir que tinha sido o castelo de Neuschwanstein, que tínhamos visitado, ou a cervejaria Hofbräuhaus, em Munique, ou o palácio do Reichstag, em Berlim. Aditya pensou por um momento e disse: "A coisa mais legal foi poder acender a luz e ir tomar água à noite."

Água? Luz? Não é natural ter tudo isso? Não é, não!

Também com relação às coisas materiais e idealistas, nós logo caímos na armadilha de tomar as coisas como certas e não percebemos mais como estamos bem. Segundo Angus Deaton, economista e ganhador do Prêmio Nobel, o "salário anual perfeito" é de 75 mil dólares. Daí em diante, passamos a viver numa espécie de "platô da felicidade", em que vemos nossa vida de forma mais positiva e somos felizes com a qualidade de vida alta.[56]

É assim que você encara a vida? Parabéns! Então definitivamente não caiu na armadilha de achar que tudo está garantido, como muitas pessoas que não conseguem ver como estão bem. Que não percebem mais que certas coisas de seu cotidiano não são naturais. Só sabem se lamentar pelo que não têm.

Pense nisso, pois nada do que você tem e vive é compartilhado por todos. É hora de perceber e valorizar isso, e dizer OBRIGADO. Obrigado por ter eletricidade e água a qualquer hora. Obrigado por ter escolas. Obrigado por termos paz (ao contrário do que ocorre em outras regiões!). Obrigado por termos acesso a bons serviços de saúde.

A gratidão nos ajuda a manter isso em perspectiva e também a reconhecer em que aspectos podemos nos tornar mais ativos. Mantenha um diário, escreva cartas de agradecimento, começando e terminando cada dia com um OBRIGADO.

Saia da armadilha do que parece óbvio. Diga "obrigado" todos os dias pelo que é. Pelo que você pode agradecer hoje?

"As coisas pequenas. Os momentos pequenos. *Não são pequenos.*"
JON KABAT-ZINN

43. Desfrute da ausência

A maioria das pessoas não gosta da falta. A ausência incomoda.

Como regra, sou uma grande defensora de olhar para o que temos. Mas hoje eu gostaria de convidá-los a olhar para o que não temos, porque a falta é uma grande oportunidade para crescer e criar novas possibilidades.

Um de meus exemplos favoritos é a história de sucesso dos irmãos Albrecht. Karl e Theo assumiram a pequena loja dos pais no fim da Segunda Guerra Mundial e queriam expandir os negócios. Infelizmente, quase não tinham capital para abrir filiais, e assim pensaram em como poderiam encher o estoque gastando pouco. Tiveram a seguinte ideia: uma variedade pequena de produtos com apenas artigos de uso diário, equipamentos simples, de boa qualidade e, acima de tudo, a preços baixos para bater a concorrência. Hoje, a Aldi (*Albrecht Discount*) tem um faturamento bilionário e lucros enormes. A falta de capital foi o que deu à luz o princípio do desconto.

Ou tome o exemplo do creme em spray. Quando, nos anos 1940, o chantilly se tornou um produto escasso nos Estados Unidos, o vendedor de roupas Aaron Lapin inventou o "Sta-Whip", feito de branqueador de café e gordura. Pouco tempo depois, ele acrescentou gás hilariante em uma lata de spray recém-inventada — e mesmo após setenta anos, esse substituto do chantilly ainda é um sucesso mundial.[57]

A maioria das grandes invenções só se tornou possível porque alguém experimentou uma carência e começou a pensar em como remediar ou contornar o problema. Ignorá-lo não teria nos trazido bem algum!

Você, como todos nós, vai viver repetidas vezes a experiência da falta, de encontrar um obstáculo em sua vida. Coloque a ausência no centro de sua atenção e pergunte a si mesmo:

* Há alternativas? Exemplo: você não tem dinheiro para um projeto? E quanto a bolsas de estudo, programas de apoio, *crowdfunding* e investidores que até pagam para você fazer algo?
* A falta é uma vantagem para alguém? Exemplo: você quer dar aulas de piano, mas não tem um espaço para isso? Alguém gostaria de ter aulas em domicílio?
* A falta pode ser contornada? Exemplo: você quer dar aulas particulares, mas não há crianças suficientes em sua região? Ofereça aulas on-line – as crianças podem estar em qualquer lugar.

Não podemos resolver nossos problemas ignorando a falta. Ela não vai desaparecer, mas, ao lidar ativamente com o obstáculo, você abre novas possibilidades.

Para que isso dê certo, é importante que você viva com um sentimento de abundância, não de falta. Treine seus olhos para enxergar seus sucessos diários, as oportunidades diárias que a vida está colocando debaixo do seu nariz.

Experimente todos os dias a abundância que o mundo reserva para você. É pensando nas coisas positivas e na abundância que você pode construir uma base valiosa para transformar a ausência em sucesso.

Qual obstáculo você pode transformar em vantagem hoje?

44. Tchau, mestre do drama!

Sim, seu discurso de hoje para os colegas foi um desastre. Você perdeu o fio da meada, esqueceu os dados relevantes e entregou a conclusão "motivacional" antes da hora.

Sim, o cara do caixa na loja estava mal-humorado e demorou dois minutos para lhe dar o troco. Francamente!

Sim, a comida que você preparou ontem para seus amigos não ficou boa. As batatas estavam moles demais. O molho ficou cheio de pedacinhos. O vinho não harmonizou. Você vai passar o dia todo reclamando? E amanhã? E semana que vem?

Algumas pessoas são dramáticas por natureza — segundo o teste de personalidade do eneagrama, trata-se do "tipo 4".[58] Esses indivíduos têm no sangue o prazer de curtir a montanha-russa das emoções. Estar com elas é... divertido, mas também exaustivo.

De acordo com o teste do eneagrama, eu também tenho uma boa dose de drama em mim.[59] Por isso, assumi minhas inadequações e aborrecimentos com prazer. Até eu ler um artigo sobre "custos irrecuperáveis". De repente, percebi: quanto mais eu falava sobre essas coisinhas chatas — e absolutamente desimportantes! —, quanto mais espaço elas ocupavam em minha vida, mais valioso era o tempo de vida que eu lhes concedia e maior importância eu lhes dava sem necessidade.

"Custos irrecuperáveis" são uma espécie de pós-doutorado em relação a despesas financeiras. Referem-se ao fenômeno de jogarmos dinheiro fora após fazer gastos sem sentido, justamente porque já gastamos muito. Em vez de dizer: "Fizemos besteira, vamos começar tudo de novo", é preciso justificar os "custos irrecuperáveis" e continuar. As empresas fazem gambiarras para manter operações de emergência depois de terem investido milhões em uma nova infraestrutura de TI — que não é funcional —, em vez de configurar tudo do zero. Você comprou um caiaque caro e não está conseguindo acompanhar as aulas — embora tenha percebido desde o primeiro passeio: "Isso não é para mim!" Mas você tem um equipamento caro, então continua. O mesmo se aplica aos casamentos ruins, ao ingresso semanal para a estação de esqui, que "tem que ser usado" mesmo que não seja divertido andar na chuva ou às nossas experiências.

Nós, seres humanos, buscamos a consistência, a permanência, e assim nos agarramos a projetos inúteis, para não parecer inconstantes. Absurdo? Sim!

É claro que é um alívio quando nos livramos de nossa frustração com reclamações estúpidas. Mas você realmente quer passar seu precioso tempo fazendo drama por causa de eventos sem importância? É imprescindível dar a eles ainda mais tempo e atenção do que você já dá? Pense nisso: que impacto isso terá amanhã? Em duas semanas? Em um ano?

Desista das experiências irritantes, mas cotidianas. Não as prolongue. Já era. Terminou. Fim.

45. Não seja legal

Muitos dos meus clientes são os reis da cordialidade. São prestativos, empáticos, solidários. Colocam suas necessidades de lado para ajudar outras pessoas. Alegram-se em fazer os outros felizes.

Estar disponível para o outro, saber cuidar, ajudar — eu acho que essas qualidades são fundamentais para que possamos viver bem. Reconhecimento, respeito e cuidado foram, são e continuarão sendo pilares importantes da nossa sociedade. E ainda assim eu peço a você para não ser legal?

Sim. Ou seja, se você é uma dessas pessoas que *sempre* colocam as necessidades dos outros acima das suas. Que *sempre* cuidam do bem-estar dos outros e ficam até mais tarde no escritório mesmo depois que todos já foram para casa na hora certa. Já trabalhei com diversas pessoas que estavam exaustas porque, muitas vezes, eram levadas a ultrapassar seus limites por serem muito "legais". Elas esperavam em vão que os outros lhes dessem uma pausa.

Se você se identifica com essa descrição, aceite o convite para uma tomar uma dose saudável de amor próprio e autocuidado. No longo prazo, você não ajuda ninguém estando sempre sobrecarregado.

Você conhece a seguinte pergunta, adotada em serviços de prevenção ao suicídio: "O que as pessoas ganham com a sua existência?" Eu gosto dessa pergunta no sentido de "enriquecer a vida dos outros". Mas, se achamos que temos que bancar a Madre Teresa de Calcutá o tempo todo para conquistarmos o direito de existir, então esse é um tiro no pé. Quem é bonzinho demais, quem está sempre disponível para todos, está se prejudicando.

E, no fim, prejudica os outros também. Quem faz tudo pelos outros os torna dependentes. Se os pais fazem tudo pelos filhos, acabam caindo na armadilha de mimar demais. Como resultado, os pequeninos não aprendem a fazer as coisas por conta própria. Pessoas que ajudam os colegas o tempo todo impedem que eles se desenvolvam. O apoio pode incapacitar os outros e assim mantê-los por perto. Nós nos tornamos indispensáveis e nos sentimos necessários, mas chega uma hora em que isso deixa de ser legal.

Acabamos criando uma espécie de dependência em relação a nós mesmos. Permita que as outras pessoas sejam adultas, que assumam a responsabilidade por suas próprias vidas.

Além disso, deixe de ser "bonzinho" à custa de sua saúde ou de sua liberdade pessoal. Não é fácil no início, porque falamos "sim" por natureza. É um reflexo biológico profundo que garante nosso lugar na comunidade, mas você pode controlar esse reflexo.

Para dizer não, aprendi a técnica "10-10-10", formulada por Suzy Welch.[60] Pergunte a si mesmo: se eu disser "sim" ou "não", quais serão as consequências em dez minutos, dez meses e dez anos. Eu gosto de adaptar um pouquinho e pensar no efeito de um "não" em dez minutos, dez horas e dez dias. E, depois, posso dizer "sim" ou "não" com todo o meu coração.

46. Interrompa o efeito do gás

Você conhece o efeito do gás? O gás preenche todo o espaço disponível. A mesma quantidade de gás pode ocupar recipientes grandes ou pequenos. O fluido se adapta.

Quando falo de gestão do tempo, relaciono o efeito do gás aos otimizadores de tempo: eles ajudam a aliviar seus dias para reduzir o estresse.

Em essência, trata-se de uma boa dica — mas, infelizmente, as tarefas não acabam nunca. Você tem três horas para criar um convite? Você vai precisar de três horas para isso! Você tem uma hora? Vai ficar pronto em uma hora. Tarefas são como o gás — elas preenchem todo o espaço disponível.

Portanto, às vezes, você pode preferir usar menos otimizadores e limitar o tempo das tarefas, perguntando-se quanto tempo você quer dedicar a elas. Não quanto tempo é preciso, mas quanto tempo vale a pena gastar nisso.

Leve o princípio do gás também para suas finanças. Muita gente reclama que não tem liberdade financeira. Por quê? Suas despesas aumentam conforme a renda disponível. De acordo com o censo anual, em 2015, a renda média mensal das famílias alemãs era de 3.276 euros. Elas gastavam em média 2.947 euros em produtos e serviços, bem como em seguros voluntários (de veículos) e amortização de empréstimos.[61] Isso significa que hoje elas *precisam* ganhar quase três mil euros líquidos por mês para manter seu padrão de vida.

Por que estou fazendo essa conta? Conheço muitas pessoas que ousariam fazer coisas novas ou levar vidas mais tranquilas, mas se veem de mãos atadas por causa das despesas financeiras. Cada centavo que ganham tem um fim determinado: pagar empréstimos, financiar carros. Liberdade? De jeito nenhum!

E não estou falando da frase clássica que diz que ganhamos dinheiro em empregos que detestamos, para comprar coisas de que não precisamos, para impressionar pessoas de que não gostamos. Não, muitas pessoas estão felizes em gastar o que ganham. Elas vivem o momento, mas assim bloqueiam oportunidades futuras.

Liberdade financeira não significa ter que ganhar muito. Significa ter clareza sobre o que realmente queremos para sermos felizes e usar o resto do dinheiro para investir em nossos sonhos. Podemos criar liberdade financeira ao gastarmos menos do que ganhamos por um período de tempo mais longo. Simples? Sim!

Aumente sua liberdade financeira expandindo suas fontes de renda. Podem ser dividendos, renda de aluguéis, empregos paralelos. Quando eu estava na faculdade, fui babá, dei aulas particulares e, aos domingos, fazia bicos em um hotel. Contar com várias fontes também aumenta sua liberdade interior. Porque, se você perder uma, ainda tem as outras. Isso o acalma e dá a coragem de quitar empréstimos mais rápido.

Interrompa o efeito do gás e pare de gastar todo o dinheiro que você tem disponível. Que despesas podem ser cortadas? Quais empréstimos podem ser quitados? Quais obrigações financeiras você quer deixar de ter? Que outra fonte de renda você quer criar?

Muitas pessoas não conseguem responder às três primeiras perguntas espontaneamente, porque não sabem com o que estão gastando seu dinheiro. Lidam com as finanças a partir do saldo: se tem dinheiro na conta, dá para gastar. Sacou? Então, descubra para onde seu dinheiro está indo (veja o Capítulo 28). Não tenha medo — você não precisa passar a vida alimentando planilhas de orçamento, mas tome nota durante um mês. Vale a pena o esforço.

Além disso, limite sua renda disponível de acordo com o lema "o que os olhos não veem, o coração não sente" e faça suas despesas caberem num orçamento menor para ter mais controle sobre elas.

Quando jogava Banco Imobiliário na infância, escondia algumas notas debaixo da coxa. Eu deixava visíveis apenas alguns milhares de marcos, que "infelizmente" não eram suficientes para adquirir uma nova casa ou um novo hotel. Mas, de repente — bingo! —, eu comprava o imóvel mais caro do jogo.

Não me pergunte como cheguei a essa ideia — mas funcionava que era uma beleza. Na adolescência, adotei esse princípio na vida real e passei a colocar pelo menos cinquenta marcos por mês em uma poupança. O dinheiro "ia embora" e eu não gastava. Um amigo riu de mim e me chamou de pão-dura. Mas, aos 29 anos, dei entrada no financiamento de um apartamento com esse dinheiro.

Você também pode abrir uma poupança. Agende a transferência de uma determinada quantia assim que receber o salário. Dessa forma, você reduz o dinheiro disponível — você reduz o recipiente.

47. Não finja ser o que não é

Os professores de ética se comportam de forma mais ética do que os outros? Os fiscais de passagens nunca andam de trem sem pagar? Os terapeutas de casais têm casamentos felizes?

Espero que sim. Até que ponto é possível confiar nas pessoas se não estiverem à altura do que pregam? "A placa não precisa seguir a via", disse Eckart von Hirschhausen, médico e especialista em felicidade, em uma entrevista para meu blog.[62] Sim, mas você leva a sério um grande chef vegano que demoniza publicamente a carne e logo depois é visto na lanchonete de fast-food com um hambúrguer na boca? Você respeita gerentes ou professores que exigem pontualidade, mas sempre se atrasam? Ou o exemplo de uma mulher que participou de um de meus seminários: seu pai lhe dizia para nunca ouvir as opiniões dos outros, mas fechava as cortinas todas as noites antes de ir para a cama para que os vizinhos não notassem, na manhã seguinte, que ele tinha dormido até tarde.

É claro que todo mundo pode ser feliz de sua forma. Desde que seja consistente. Nós valorizamos aqueles que praticam o que pregam porque sabemos onde podemos nos colocar em relação a eles, porque são, claramente, dignos de confiança.

Outra vantagem é que podemos aprender com mais facilidade com pessoas que dão o exemplo do que querem dizer. Se você tem filhos, faça o que diz. Não faz sentido encher o saco deles para serem bons alunos a fim de terem um bom futuro se você não gosta de estudar. Não adianta dizer que é preciso ser honesto quando você está faltando às aulas. Aprendemos melhor pela observação e imitação. E nossos filhos não são burros. Eles sabem muito bem quando um adulto não está sendo sincero.

Pratique tudo o que você prega. Se ainda está agindo de forma diferente daquilo que diz, repense a si mesmo e a seu caráter. Você prega a honestidade? Seja cem por cento honesto! Você prega a moralidade? Seja cem por cento moral. Você prega a tolerância? Seja cem por cento tolerante.

A maneira como você se comporta não é uma questão de oportunidade, mas de caráter. Você já deve ter ouvido mil vezes o dito "o dinheiro corrompe o homem". Concordo com Max Frisch: "O dinheiro não corrompe o homem, apenas expõe o que já estava corrompido!" Comporte-se como você finge ser. Ou mantenha-se fiel ao que é.

Um escorpião encontra um sapo às margens de um rio.
"Querido sapo, pode me levar até a outra margem?"
"Eu quero viver. Quando estivermos na água, você vai me picar e então eu vou morrer", responde o sapo.
"Não, se eu picar você, eu vou cair na água e morrer também", diz o escorpião.

"Faz sentido. Suba em minhas costas", diz o sapo.
Depois de alguns metros, o sapo sente uma dor aguda.
"Droga, você me picou. Agora nós dois vamos morrer."
"Eu sei. Desculpe-me, mas sou um escorpião, e escorpiões picam", responde.[63]

Os seres humanos não são escorpiões sem vontade própria. Podemos mudar a nós mesmos e nosso comportamento. Por onde você quer começar?

48. Não decida

"Uma decisão é a morte de bilhões de possibilidades", disse Nico Semsrott, "coach de desmotivação" e artista alemão.

Pura verdade! Nadamos em um mar de possibilidades, e cada chance que não agarramos acaba se perdendo. Não é à toa que muitas pessoas não são capazes de decidir — a dor de perder algo é muito grande. Você nem precisa sofrer de FOMO (ver Capítulo 8). Quanto mais escolhas temos, mais difícil é decidir. "Custos de oportunidade" é como os psicólogos chamam quando tentamos optar por um entre 36 tipos de geleia no supermercado, por exemplo, e, no fim, saímos sem comprar nada.[64]

Infelizmente, postergar a decisão custa tempo e energia. Permanecemos em um estado de insatisfação, inquietude, briga e discussão conosco. Adiamos tarefas. Remoemos coisas sem importância, fazemos um círculo em torno da decisão e brincamos com ela em um "parquinho de diversões falso". Em vez de aproveitar o tempo que estamos perdendo, a consciência fica pesada e estraga toda a diversão.

Você sofre de procrastinação? O que o impede de começar? Há, em geral, uma razão muito boa para não começarmos algo: medo do sucesso, medo da inveja, medo do fracasso. Quando reconhecemos o bloqueio, ele normalmente se dissolve.

Você está adiando porque não consegue decidir como começar? Comece com qualquer coisa! É sempre melhor fazer algo conscientemente do que fazê-lo inconscientemente. Não se esqueça: quem não decide já tomou uma decisão.

Mas você também sabe que, muitas vezes, não temos que escolher entre A e B. Basta fazer as duas coisas! Sim, pode ser que fazer duas coisas leve mais tempo do que fazer apenas uma, mas, se você se concentrar em uma e depois seguir em frente, pode conseguir fazer a segunda atividade.

Combine seus desejos, seus projetos. Não tenha medo de perder o suposto bonde do sucesso. Ouvimos dizer que temos que tomar decisões e nos especializar para sermos realmente bem-sucedidos. Isso pode ser verdade para pessoas analíticas-sistemáticas, que gostam de focar sua energia em um único tema. Mas as criativas-caóticas precisam de variedade. "Especializar-se" seria matar seu poder criativo. Crie modelos de vida e trabalho e viva seus interesses multifacetados como são.[65]

A atleta Ester Ledecká é uma grande adepta da ideia de que "Você não tem que decidir". Em outubro de 2016, um entrevistador disse que, no futuro, quem pratica snowboard e esqui ao mesmo tempo teria que escolher um dos dois para ser realmente bom. Ledecká disse: "Esse dia nunca chegará. Eu sou e continuarei sendo tanto atleta de snowboard quanto de esqui."[66]

Em fevereiro de 2018, a atleta tcheca ganhou o ouro olímpico no Super-G e na competição de Slalom gigante paralelo feminino. Podemos ser muito bem-sucedidos justamente porque não tomamos decisões, mas nos deixamos levar pela paixão.

Não se restrinja artificialmente, forçando-se a tomar decisões. Conquiste seu ouro duplo, pessoal!

49. Não se compare

A comparação é a morte da felicidade, porque nós, em geral (inconscientemente), nos comparamos de baixo para cima: com pessoas mais experientes, filhos mais inteligentes, parceiros mais amorosos, apartamentos mais bonitos, trabalhos mais interessantes. O economista Richard Easterlin provou que não é nosso nível de renda que decide nossa satisfação, mas a comparação com os outros. E isso se aplica perfeitamente a nossas experiências. Olhar de baixo para cima o desmotiva e o deixa infeliz.

Então pare de se comparar com as outras pessoas! Sinta dentro de si o que faz *você* feliz e traga isso para sua vida aos poucos. Ao mesmo tempo, seja generoso com as atividades e coisas que os outros fazem e ignore qualquer possível sinal de inveja dizendo: "Estou feliz de todo o coração por (nome)."

Saia da competição (e das postagens no Facebook) para saber quem tem a vida mais legal. Viva a sua, e não a dos outros!

Use comparações somente como um mecanismo secreto que dá um gás no sucesso.

Funciona assim: comparações feitas de baixo para cima podem nos motivar a nos aproximarmos do modelo que queremos seguir se nos sentirmos semelhantes a outra pessoa. Pesquisadores dos Estados Unidos provaram essa relação: em um experimento, eles mostraram aos participantes a imagem de um modelo muito bonito e lhes pediram para avaliar sua própria beleza. Alguns participantes demonstraram o efeito de contraste esperado; julgaram-se menos bonitos. No entanto, outros se julgaram significativamente mais atraentes, mesmo que não fossem, segundo os pesquisadores. Por quê? Além da imagem, os entrevistados do segundo grupo tinham recebido uma outra informação que não tinha nada a ver com beleza. Disseram-lhes que o aniversário do modelo era no mesmo dia que o deles.

Portanto, parece que basta ter qualquer coisa em comum para que nos julguemos de maneira mais positiva.[67]

Por isso, muitas empresas utilizam a ferramenta do benchmarking para se aprimorar. Benchmarking é a comparação de produtos, serviços ou processos e métodos com os de outras empresas, a fim de entender o que falta em termos de desempenho para ser o melhor no respectivo ramo. Essa análise funciona muito bem, porque podemos aprender com o melhor em relação a um tema, e, também, porque os chefes da empresa não se sentam no sofá chorando e dizendo: "É tão injusto que a Müller AG tenha fechado mais um grande contrato!" Não, eles deixam as emoções de fora e se concentram em aprender com os mais bem-sucedidos.

Em quais questões você quer parar de se comparar porque está procurando satisfação dentro de si mesmo?

Existe alguma área de sua vida em que você possa tomar o sucesso dos outros um exemplo para dar o próximo passo?

50. Não me ame... ame-se!

"Eu não quero que você *me* ame mais. Eu quero que você *se* ame mais!" Tive que ler essa citação da Lady Gaga duas vezes antes de entendê-la. Então fiquei perplexa com tamanha sabedoria.

Essa declaração de repente me fez entender por que eu me sentia mal com algumas pessoas, por que meus esforços em busca de aceitação e reconhecimento não davam em lugar nenhum. Quer um exemplo? Bem, vamos falar de um amigo... vamos chamá-lo de Max. Max e meu marido eram amigos. Na festa do meu 35º aniversário, ele me disse que havia visitado meu site e que tinha achado péssimo. Quando ele foi à nossa casa em outra noite, olhou para a cozinha e disse: "Lá em casa não tem essa bagunça!" Para uma amiga em comum, falou que tinha vontade de vomitar ao ouvir minha voz. Infelizmente, ela me contou.

Fiquei um tempão pensando se tinha feito alguma coisa para ele e tentei ser gentil. Eu queria muito que ele gostasse de mim. Em vão. Até que um dia percebi que sua antipatia se devia aos óculos em seu nariz (ver Capítulo 16), ou a sua insatisfação consigo mesmo. Percebi que as pessoas que não se amam não conseguem elogiar os outros. Não importa o que se faça.

Hoje eu prefiro estar com pessoas que estão satisfeitas consigo mesmas, que se amam. Não, eu não me refiro a quem finge ser autoindulgente, mas a pessoas que gostam de si mesmas com todos os seus defeitos, que estão satisfeitas consigo mesmas e com suas vidas, que se valorizam. Quem se ama irradia leveza e serenidade, e um calor de coração, o que também me faz bem como amiga ou colega.

Quem ama a si mesmo ama seus semelhantes ainda mais, porque não precisa ter inveja do sucesso alheio, porque não precisa ter poder sobre os outros para se sentir bem. Quem se ama não precisa provar nada para si mesmo nem para ninguém. E isso faz com que lidar com esse tipo de gente seja muito agradável.

Você quer que os outros gostem de você? Então comece a gostar de si mesmo. Pare de ser duro consigo mesmo (veja Capítulo 38) e direcione conscientemente seu olhar e sua linguagem para o que há de positivo em você.

Elogie-se por tudo o que faz bem. Fez vinte abdominais? Acaricie seu abdome e elogie-o! Cumpriu o prazo com facilidade? Dê um tapinha em seu ombro! Três noites sem discutir com o parceiro? Dê a si mesmo uma salva de palmas!

Louvar a si mesmo é bobagem? E daí? Funciona. A experiência mostra que sempre olhamos para o que não podemos alcançar. Mude sua percepção e olhe, conscientemente, para o que pode elogiar em você. O enaltecimento é a etapa preliminar do amor.

Vá para a frente do espelho: o que você gosta em si mesmo? Seus braços? Seus cílios? Seu dedo mindinho do pé? Seu sorriso? Sua determinação? Seu caos? O que o torna adorável porque é seu?

Compre um adesivo de estrelinha dourada e cole-o no espelho do banheiro ou no retrovisor do carro. Ao vê-lo, diga sempre: "Eu sou querido, eu me amo!"

Separe momentos todos os dias para se amar. Para dar a si mesmo afeto, respeito e atenção. "Precisamos de algo pelo qual esperar todos os dias", disse certa vez o poeta alemão Eduard Möricke. O que poderia ser esse algo? De que pequenos gestos cotidianos ou atividades mais importantes você gosta? Tomar café tranquilo na varanda antes que a família acorde? Dar um passeio na floresta? Parar de assinar alguma newsletter chata? Mostre que você se ama. Todas as pessoas ao seu redor vão agradecer.

Faça você mesmo feliz primeiro! O resto vem depois.

Uma mulher perguntou ao mestre qual era o segredo de uma vida de sucesso.

A resposta do mestre foi:

"Faça uma pessoa feliz todos os dias!" E, depois de um breve momento, acrescentou: "Mesmo que seja você." E, após mais um instante, disse: "Especialmente se for você."[68]

51. Cale a boca!

Rádio para escovar os dentes. Instagram no café da manhã. Barulho na rua. Podcast a caminho do trabalho. Bate-papo no escritório. Tagarelice na cantina. Sussurros na recepção. Notícias na volta para casa. Música em casa. Discussão no jantar. Facebook antes de dormir.

O tempo todo, 24 horas por dia, somos bombardeados por sons, ruídos e informações. Todos os dias nosso cérebro tem que processar bilhões de impressões sensoriais. É exaustivo.

Há potência no silêncio. Talvez sim, mas, muitas vezes, não o suportamos. Assim que a quietude se instala, criamos uma distração. À primeira vista isso tem uma função prática: a paisagem sonora cotidiana cobre nossos desejos e sentimentos mais íntimos. É mais fácil ouvir o que vem de fora do que olhar para nossos sentimentos e perceber que devemos mudar algo em nossas vidas. Preferimos seguir adiante, em alto e bom som.

Pela primeira vez na vida, vivi a experiência do silêncio em um retiro de Ayurveda, na Índia. Tive que aprender a não preencher o vazio com música ou leitura, a dar espaço ao silêncio e vivê-lo. E foi preciso força para enfrentar o que subitamente surgiu. Mas valeu a pena — voltei à vida cotidiana com uma clareza interior que me deu força e dinamismo, tanto na vida profissional quanto na pessoal. Desde então, regularmente faço retiros em silêncio. Passeio sozinha ou com meu marido em silêncio tranquilo pela floresta. Dou seminários sem palavras em grupo. Ou me deito na rede com meus pensamentos.

Esta última atividade, aprendi com meu marido. Ele ficou me olhando enquanto eu me concentrava em minha pilha de livros nas férias. Eu perguntei:

"O que você está fazendo?"

"Nada!"

"É impossível ficar sem fazer nada!"

"Sim... Estou procurando!"

"O que você está procurando?"

"Nada!".

Quer mais coragem, facilidade e serenidade em sua vida? Então diga "VSF!" aos ruídos e barulhos constantes. Crie momentos de tranquilidade. Desligue todas as fontes de som externo e ouça sua voz interior. O silêncio nos permite ouvir o que queremos, o que não queremos mais, o que nos faz felizes, o que nos faz infelizes.

"Quem olha para fora sonha, quem olha para dentro desperta", disse o psiquiatra suíço Carl Gustav Jung.

Observe também se você é mais introvertido ou extrovertido. As pessoas introvertidas precisam de mais momentos de silêncio para serem felizes e saudáveis do que as outras. Você lida muito com pessoas? Você faz atividades ao ar livre? Crie um equilíbrio consciente para ficar só com seu silêncio. Podem ser alguns minutos por dia ou períodos mais longos.

O que você vai ouvir quando se calar? Ou, como Astrid Lindgren disse: "E então você tem que ter tempo para parar e olhar para si mesmo."

52. Perdoe — não guarde mágoa

Já ouviu dizer que o perdão é a melhor maneira de se livrar do rancor e viver com serenidade e calma?

Por muito tempo achei que isso era um absurdo. Pessoas tinham me magoado. Muito. Com atos, palavras e gestos. Eu também já fui dura comigo mesma, porque não tinha tocado os projetos com autoconfiança, porque tinha me deixado intimidar, porque não tinha defendido meu ponto de vista com coragem. Mais uma vez, meus pensamentos giravam em torno da injustiça sofrida e dos meus próprios erros. Em noites insones, minha mente era povoada de acusações flamejantes, mas eu não me sentia melhor. Pelo contrário.

Aos trinta anos fiquei grávida e não queria passar para a frente meu fardo familiar. Meus problemas não deveriam se tornar os problemas do meu filho. Procurei familiares que tinham me magoado. Depois que conversamos, foi como se toda uma cadeia de montanhas tivesse sido tirada do meu peito.

Mas não podemos procurar todas as pessoas com quem temos algo a esclarecer, porque muitas já estão longe ou talvez não entenderiam o quanto nos magoaram. Nesse caso, o perdão ajuda a libertar.

Por que o perdão faz sentido? Se nos agarrarmos à injustiça que sofremos e pensarmos "Isso é imperdoável", acreditamos que podemos punir a outra pessoa como forma de vingança. Esse comportamento é compreensível em termos humanos, mas, no fim das contas, nós sofremos muito mais. Até porque, o outro pode nem saber que nos magoou e estar vivendo numa boa. Não, se não deixarmos o ódio de lado, acabamos condenados a não esquecer. Cada lembrança é como um dedo na ferida. Passamos a vida levando nas costas uma mochila pesada e cheia de conflitos, medos e raiva.

Você quer carregar esse fardo? Sim, porque é bom falar sobre isso mil vezes e ser consolado por outras pessoas? Porque é seu elixir de vida chafurdar na injustiça que você viveu? Então pule este capítulo — não é para você!

O perdão só funciona se você realmente quiser se livrar do rancor. É algo que você faz para si mesmo.

O importante é que a gente continua sem aprovar o comportamento ofensivo. O ato permanece errado, injusto, ruim. Também não se trata de menosprezar nossos sentimentos ("Não faça tanto alarde, afinal não foi tão ruim assim!"). Trata-se de neutralizar o veneno de nosso ódio pela injustiça que aconteceu, de decidir que o ato não tem mais influência negativa em nossas vidas, porque isso é o que queremos *para nós mesmos*.

Não podemos desfazer injustiças, insultos e feridas que sofremos. O que está feito, está feito. Mas não deixe que esses fatos envenenem seu presente e seu futuro, ou até que o adoeçam.

Perdoar significa nos libertar do que nos foi feito. O perdão é um sinal da sua grandeza interior. É uma expressão de proatividade, porque você assume o leme da sua vida. Você não permite mais que outras pessoas tenham poder sobre você, e apaga o fogo latente das velhas decepções e torna seu coração e sua vida mais leves.

O perdão não é uma ação imediata, com efeito instantâneo garantido. Dê tempo para que o rancor se dissipe aos poucos. Expresse sua raiva e descreva o problema com calma e em voz alta — de preferência em algum lugar ao ar livre. Então diga frases como: "Agora estou pronto para me libertar, porque não quero dar a (nome) poder sobre mim. Eu me livro da dor perdoando (nome)." Escolha palavras que você possa pronunciar com convicção e repita-as ao longo dos dias.

Quem perdoa acaba com a influência de outras pessoas ou eventos em suas vidas e restaura a harmonia. Os havaianos têm um ritual chamado Ho'oponopono. Trata-se de uma técnica para resolução de conflitos que, nos Estados Unidas, é uma forma reconhecida de terapia. Até na diplomacia, o Ho'oponopono é utilizado.[69]

Faça as pazes com pessoas e situações que o atrasaram ou que não o apoiaram. Perdoe-se e não se arrependa de ter se comportado "errado" naquela época. Você fez o melhor que pôde.

Do que você quer se desapegar hoje? A quem quer perdoar?

Dois amigos vagueavam pelo deserto. Durante a caminhada, começaram a discutir e um deles deu um tapa no outro.

O homem que sofreu a agressão ficou ofendido. Sem dizer uma palavra, ajoelhou-se e escreveu na areia: "Hoje meu melhor amigo me deu um tapa na cara."

Eles continuaram a jornada e logo depois chegaram a um oásis. Lá decidiram tomar um banho. O amigo que havia sofrido a agressão, de repente, ficou preso na lama, correndo o risco de se afogar, mas o outro o salvou no último minuto.

Depois de recuperado, o quase afogado pegou uma pedra e gravou nela as seguintes palavras: "Hoje meu melhor amigo salvou minha vida."

Aquele que havia agredido e salvado perguntou, espantado: "Quando eu o ofendi, você escreveu a frase na areia, e agora você gravou as palavras em uma pedra. Por quê?"

O companheiro respondeu: "Se alguém nos ofende ou insulta, devemos escrever na areia para que o vento do perdão leve a ofensa embora. Mas, se alguém nos faz o bem, devemos gravar as palavras em uma pedra para que nenhum vento possa apagá-las."[70]

53. Tchau, pessoal!

O que é preciso para ser feliz? De acordo com um estudo de longo prazo feito na Universidade Harvard, só precisamos de uma coisa: amor.

O amor — e também a falta dele — exerce um enorme impacto em nossa saúde e estabilidade emocional. Os participantes da análise que se sentiam solitários ou mantinham relacionamentos instáveis não se percebiam apenas infelizes. Eles eram mais propensos a ficar doentes na velhice, apresentavam a tendência de ter suas funções cerebrais diminuídas e morriam mais cedo do que aqueles que tinham relacionamentos estáveis e saudáveis.[71]

Isso não significa que não devemos discutir com nossos amigos ou familiares. Não, não se trata de fingir harmonia. O que importa é a sensação de que existe alguém com quem podemos contar, alguém com quem nos sentimos seguros. E é por isso que "amor" não se refere necessariamente ao cônjuge ou à família.

Também não se trata do número de pessoas que nos rodeiam, mas da qualidade dos relacionamentos ao nosso redor. E isso pode significar que, de agora em diante, você pode dizer adeus a alguns "amigos". Aqueles que lhe trazem mais tristeza do que alegria. Que querem que você seja diferente e querem impor suas ideias em seu modo de vida. Que lhe puxam para baixo com suas constantes lamúrias. Que simplesmente não são bons para você. Pessoas que não gostam de si mesmas — e se apoiam em seus ombros (veja Capítulo 50). Os estadunidenses diriam para você falar não às pessoas tóxicas.

Dê tchau aos amigos que estão distantes. O psicólogo Robin Dunbar pesquisou com quantas pessoas podemos manter relações sociais. De acordo com a nossa capacidade cerebral, e com o "número de Dunbar", podemos lidar com a interação com 150 pessoas, entre familiares, amigos, colegas, vizinhos e parceiros de negócios.[72]

Pode ser que os meios de comunicação modernos aumentem esse número porque é mais fácil manter contato. Ou não. Basta tomar esse referencial para diminuir o contato com pessoas com quem você não tem algo em comum. Não invista mais tempo e energia em relacionamentos que se arrastaram até aqui. Você não precisa fazer um jantar de despedida, como numa peça teatral alemã, para romper com velhos amigos.

Abra espaço em sua vida para as pessoas que são boas para você. Que acreditam em você. Que o amam pelo que você é. Que o apoiam ativamente. Que lhe dão energia para crescer, fortalecem suas asas para você voar. Que o inspiram. Que estão onde você quer que estejam e que estão disponíveis para você onde quer que esteja.

Você não tem que agradar todo mundo. Ainda mais escaravelhos.

Na primavera, um caracol rastejou cerejeira acima. Um escaravelho viu e zombou: "Seu estúpido! Rastejou até aqui, mas ainda não há cerejas!" O caracol continuou a subir pelo tronco. "Não há até eu chegar lá em cima!"

54. Não encha seus dias de afazeres

Nós somos ricos. Temos à disposição 86.400 segundos todos os dias, 1.440 minutos, 24 horas. Mas, na maioria das vezes, enchemos esse tempo de atividades, compromissos, afazeres, que depois se estendem para o dia seguinte, e para o próximo e o próximo.

Você quer mais leveza e serenidade? Como vai conseguir isso se suas listas de afazeres estão sempre crescendo em vez de diminuindo? Como quer alcançar a serenidade se está sempre correndo de um compromisso para outro? Como quer se sentir leve se a quantidade de tarefas tira seu sono à noite?

É claro, dicas de eficiência e ferramentas de produtividade podem ajudá-lo a realizar tarefas mais rapidamente. Você pode aumentar sua velocidade para criar mais liberdade, mas isso não vai lhe dar paz de espírito ou serenidade. Pelo contrário. Querer se organizar de forma perfeita e eficiente acaba se tornando um fator a mais de estresse.

Às vezes, na vida adulta, chega o dia em que podemos fazer um levantamento completo e depois dar tchau a algumas tarefas e atividades.

Escreva quais delas você tem de fazer em seu dia a dia — na vida profissional e particular. Escreva tudo o que vier à cabeça. Ou faça um "voo panorâmico" para anotar exatamente o que faz ao longo dos dias.[73] Então pense no que realmente importa, no que você quer ou precisa manter. Todo o resto: descarte. Para sempre ou por um período.

Ao realizar atividades importantes, pergunte-se se é você que tem que fazê-las ou se é possível delegá-las (pelo menos, por enquanto) aos colegas, familiares, parceiros de trabalho, prestadores de serviços ou equipamentos técnicos.

Trace um atalho na floresta de suas tarefas, cortando ou dispensando atividades de forma consistente. Não diga "tudo é importante". Essa é uma frase de matar. Preste atenção às sombras — tem alguma coisa *um pouco menos importante* que outra? O que não é tão importante *agora*?

Nos próximos dias e semanas, deixe espaços livres (use otimizadores de tempo) para imprevistos, surpresas e, sobretudo, para ter paz e serenidade. Planeje, no máximo, cinquenta por cento de seu tempo disponível — quanto mais ágil, criativo e caótico for seu dia a dia, quanto maior a correria, de mais otimizadores de tempo você vai precisar.

Atenção: não caia na armadilha do efeito do gás (ver Capítulo 44) — ocupe períodos de tempo de forma razoável.

Se você quer fazer mais, faça menos. No passado, eu não acreditava nisso e corria em alta velocidade, num eterno pico de adrenalina, de um compromisso para outro, de uma tarefa para outra. Há quase vinte anos tenho me permitido mais ar. Não só estou mais produtiva e mais bem-sucedida, mas me sinto muito mais relaxada.

    O que você pode cortar? Em que áreas você pode aumentar seu fôlego?

55. Pitaco sobre nutrição

Estados físico e mental são inseparáveis. Todo o lixo que impomos ao corpo na forma de alimentos sem valor nutricional, açúcar, álcool ou aditivos químicos enfraquece nossa potência e força de vontade. No entanto, as recomendações quanto ao que devemos comer ou beber, quando e em que quantidade, mudam tanto que não é fácil saber qual é a decisão certa.

O dia tem que começar com um café da manhã? A maioria dos especialistas diz que sim — aproveite esta refeição como um imperador, almoce como um rei e jante como um mendigo. Mas, se você é mais do tipo kapha, de acordo com a Ayurveda, você pode ficar sem tomar café da manhã, enquanto um tipo vata-pita, como eu, fica mal-humorado se não comer logo cedo.[74] Deve-se ingerir muita carne? Ou é melhor ser vegano? A dieta *low carb* realmente funciona? Ou você prefere ser vegetariano?

Não importa o que você leia — as últimas e definitivas dicas estão sempre chegando.

Tome nota de todas as dicas nutricionais que não são consensuais e coloque-as em prática. Observe a si mesmo, seu corpo e suas sensações, e depois faça somente o que é bom para você. Não se preocupe com os inúmeros estudos, confie na sabedoria do seu corpo. Cuide bem dele — isso afeta diretamente seu estado de espírito.

Beba bastante água! Muito pouco é ruim, mas demais também é. Uma coisa é certa: beba líquidos sem açúcar e sem álcool para não sentir sede, não ficar com a garganta ou a boca seca e para que sua urina não seja amarelo-escura. Lembre-se de beber várias vezes ao longo do dia, tendo sempre uma garrafa de água à mão, e coloque lembretes no seu celular ou use um temporizador de cozinha.

Que alimentos você espera que seu corpo consuma? Durante muito tempo foi difícil conseguir algo saudável, mais nutritivo, na rua. Havia barraquinhas de cachorro-quente em todas as esquinas, mas de comida leve — nem sinal. Hoje você pode encontrar quiosques de comida asiática leve, hambúrgueres vegetarianos ou tigelas com conteúdo supersaudável em diversas estações de trem. A alimentação saudável chegou às lanchonetes e cozinhar com poucos ingredientes é a nova alta gastronomia. Há muito tempo, os consumidores não se preocupam mais apenas com a ingestão de alimentos. Não, preparar a própria refeição encarna nosso estilo de vida e representa uma nova forma de autocuidado.

Superalimentos como peixes, vegetais frescos ou oleaginosas não só nutrem o corpo, mas proporcionam serenidade mental. Comer um punhado de castanhas antes de ir para a cama promove uma boa noite de sono e renova nosso humor. Muitas ervas e muitos alimentos, como tomate, mirtilo, café, brócolis e abacate, têm efeito antioxidante, por isso podem ajudar a reduzir o estresse e suas consequências. Gengibre e favo de mel são anti-inflamatórios. Sementes de girassol são fonte de magnésio, que resolvem problemas, desde enxaquecas até insônia e ansiedade. "Coma para ser feliz" é possível.

Mostre apreço por si mesmo e por seu corpo todos os dias, mantendo-o longe de coisas insalubres, ignorando os muitos mitos nutricionais e alimentando-se conscientemente, considerando o que é bom para VOCÊ.

O que você quer comer ou beber agora?

56. Saia do sofá

Estar em movimento aumenta nossa sensação de felicidade. Correr ou caminhar mantendo a frequência cardíaca certa reduz o cortisol (o hormônio do estresse) e traz calmaria e relaxamento. Até seu humor melhora quando você se põe em movimento. Meus clientes de coaching e eu somos a prova viva de que fazer exercício pela manhã traz serenidade e um aumento real na produtividade. Meia hora de caminhada rápida desperta nosso cérebro de tal forma que ficamos atentos e bem-dispostos o dia todo. Você não tem que praticar esportes para competir — exercícios suaves já bastam!

Incorpore no seu cotidiano a prática de exercícios para reduzir o estresse, e nutra seu corpo com autocuidado (ver Capítulo 55). Assim você pode até perder peso sem passar fome e sem contar as calorias. Ao emagrecer, talvez até mude outras coisas em sua vida.

Há anos observo como pessoas que perderam o excesso de peso, de repente, passam a ter uma serenidade mental renovada. Cada quilo a menos parece facilitar as decisões ou favorecer soluções para sair de caminhos desgastados.

Qual é o peso que você precisa ter para se sentir bem? Como você pode chegar lá? Aproveitando o trajeto até o trabalho no transporte público? Segundo um estudo realizado no Reino Unido, quem usa transporte público pesa até três quilos a menos do que quem anda de carro, graças à corridinha diária até o ponto de ônibus ou até a plataforma de trem ou metrô.[75]

Você pode perder peso também se fizer as tarefas domésticas de forma mais consciente. De acordo com um ensaio, algumas camareiras foram informadas de como seu trabalho era fisicamente exigente e quantas calorias queimavam por dia. Outras do grupo de controle não foram informadas de nada. Incrível: após apenas trinta dias, as camareiras do primeiro grupo estavam em melhor forma do que antes, ao mudar sua perspectiva em relação ao seu trabalho. Houve não só perda de peso e redução nas medidas entre cintura e quadril, como diminuição de cerca de dez por cento na pressão arterial.[76] E sem precisar praticar esportes!

Dê à sua alma uma razão para habitar seu corpo. Mexa-se! Não custa nada, a não ser uma reflexão cuidadosa. Suba ou desça de escada em vez de elevador. Percorra de bicicleta os quinhentos metros da sua casa até o supermercado. Vá ao boliche, em vez de ao cinema.

Mexa-se.

Como você pode incorporar mais movimento ao seu dia a dia?

57. Boa noite, insônia!

"Vou cair nos braços de Morfeu. Em outras palavras, vou para a cama." Infelizmente, a maioria dos adultos não dorme tão bem quanto esse ditado leva a crer. Quarenta e três por cento dos alemães se sentem cansados o dia todo — e, ainda assim, têm dificuldade para dormir.[77]

Os distúrbios de sono, muitas vezes, têm a ver com problemas pendentes e o estresse vivido durante o dia, mas também podem ter causas mais pragmáticas.

As dicas a seguir podem ajudá-lo a dormir bem:

Pare de ficar estressado porque tem problemas para dormir. É normal acordar vinte vezes ao longo da noite, ter sua respiração interrompida cinco vezes durante o sono ou dormir mal vários dias seguidos. Diga "VSF!" se você dorme mal, porque, se ficarmos preocupados, dormiremos ainda pior. Confie que vai ficar tudo bem.

Pratique exercícios físicos durante o dia — de preferência ao ar livre. O corpo precisa de muito oxigênio e luz solar.

Deite-se e levante-se sempre no mesmo horário — até nos fins de semana. Assim, você evita sofrer com o *"jet lag* social". Descubra quando sua "janela de sono" está aberta. É quando você consegue adormecer facilmente. Se você perder a hora, a janela de sono se fecha e você fica acordado por mais uma hora até começar a próxima.

Garanta que a temperatura do quarto esteja agradável (20-22°C, ou até mais quente). Você não deve suar nem passar frio.

O colchão é bom e a roupa de cama é aconchegante?

Não encha a pança antes de ir dormir. Evite álcool, cigarros e, principalmente, cafeína.

Não beba chá de hortelã ou vitamina C à noite, eles nos despertam.

Evite conversas tensas ou filmes perturbadores à noite.

Pare de trabalhar cedo. Caso contrário, o trabalho vai para a cama com você.

Coma castanhas ou beba suco de cereja uma hora antes de dormir — isso aumenta a produção de melatonina, o hormônio do sono.

Antes de ir para a cama, faça algo relaxante, como ler, ouvir música ou caminhar ao ar livre no escuro.

Não use seu smartphone ou tablet na cama, a luminosidade o desperta. Para evitar isso, ative o filtro de luz azul. Esse recurso já vem pré-instalado em celulares novos. Se o seu é mais antigo, há aplicativos com essa função.

Deite-se virado para o lado esquerdo do corpo — é mais saudável, de acordo com um estudo.[78] Por quê? Dormir do lado esquerdo favorece o fluxo sanguíneo. Nossa artéria principal, a aorta, é voltada para a esquerda — portanto, se dormirmos para o lado direito, o sangue terá que ser bombeado para cima. Além disso, quem tem problemas digestivos, como azia, dorme melhor virado para o lado esquerdo, porque isso evita que o ácido estomacal suba de volta pelo esôfago.

Continua cansado? Então tire uma soneca rápida depois do almoço.

O que faz você dormir bem hoje? Qual recurso você está experimentando?

58. Não ria porque você é feliz...

Sim, nossa vida não é um passeio no parque. Nosso cotidiano nem sempre é um mar de rosas. Muitas coisas nos tiram do sério.

Se as coisas não estão indo bem e o sorriso desapareceu do seu rosto, diga "vsf!". Quanto mais irritados e estressados ficamos, mais sinapses são interrompidas, dificultando a busca por soluções. Comece a estimular o contrário — traga o riso para sua vida.

Rir impulsiona a saúde e o bem-estar por excelência. Produz endorfina e, automaticamente, faz com que nos sintamos mais leves, calmos e corajosos.

Certifique-se de rir com todo o seu coração todos os dias. Cerque-se de pessoas felizes, leia histórias engraçadas e aprenda a yoga do riso, que lhe ensina a dar uma verdadeira gargalhada a partir de uma risada artificial. Desenvolvida pelo médico indiano Madan Kataria, essa técnica de "faz de conta" conquistou o mundo.[79] "Não rimos porque somos felizes. Somos felizes porque rimos", explica Kataria.[80]

Sou uma entusiasta dessa técnica simples desde que fiz um curso há muitos anos. Na volta do trabalho para casa, começo a rir comigo mesma e os hormônios da felicidade me acompanham durante a semana.

Você pode aprender a rir cada vez mais e também a rir de si mesmo. Não se leve tão a sério, nem seus erros. Uma gargalhada sincera alivia até a pior mancada.

Do que você quer rir agora?

59. Não faça nada

Em 2012, passei quatro meses no Havaí com minha família. As crianças iam à escola lá e vivemos como uma família normal do outro lado do globo. Um ditado que estava escrito em uma grande placa na beira da estrada, bem na saída do aeroporto, acompanhou nossa estadia: "Vá devagar, você está em Molokai."

Vá devagar, pise no freio. Nós adoramos, e então vivemos sob esse feitiço. De volta à Alemanha, também desaceleramos nosso ritmo de vida, e eu passei a fazer muito mais pausas do que antes. Por quê?

Especialmente quando estamos sobrecarregados, temos a tendência de trabalhar sem parar. Pulamos o almoço. Corremos durante todo o dia de trabalho e, mesmo nos fins de semana, vamos de uma atividade ou de um compromisso para o outro sem parar. Acreditamos que podemos fazer muitas coisas nesse ritmo acelerado, mas o que ocorre é o oposto.

Desde que adquiri o hábito de fazer pausas, dou conta de fazer muito mais coisas, sou muito mais produtiva e, claro, mais relaxada. A ciência me deu razão: os cronobiólogos descobriram que podemos trabalhar em média setenta minutos de forma concentrada e produtiva. Depois disso, nossa curva de desempenho vai para o chão. Então nos anestesiamos com muita adrenalina e cafeína, ficamos bem-dispostos novamente por cerca de uma hora — e logo a produtividade cai de novo. Nós nos levantamos artificialmente mais uma vez e então nos arrastamos durante a semana e, na sexta-feira à noite, desabamos no sofá. A bateria acabou. Sair com os amigos? Sem chance![81]

Ouça seu corpo e faça pausas sempre que puder. Respeite o intervalo do almoço ou faça uma pausa de vinte minutos ao longo do dia. Adote pequenos períodos para relaxar. São uns poucos minutos em que você para a fim de respirar profundamente, olhar para o nada e não fazer o que quer que seja.

Pegue leve.

Qual é seu slogan motivacional para conseguir fazer mais pausas no futuro?

60. Não gire em torno de si mesmo o tempo todo

A autorreflexão e a atenção são a base de uma vida autodeterminada e feliz.

Porém, em excesso, isso é prejudicial. Quem pensa demais se torna infeliz! Você deve ter percebido, por meio das suas decisões de consumo. Estudos já demonstraram: quanto mais pesamos, analisamos, pesquisamos e avaliamos, mais insatisfeitos ficamos com o que compramos. Pessoas que passam muito tempo ensimesmadas, pensando em seus desejos e em suas preocupações e doenças, começam a analisar tudo e a refletir sobre tudo, até que passam a ouvir uma mosca batendo as asas e ficam infelizes.

Em nossa imaginação os problemas só aumentam — é hora de contra-atacar! Tenha momentos de reflexão, mas depois volte para a vida real. Encontre tarefas para preencher sua atenção.

Pare também de pensar por que outras pessoas fazem "certas coisas" com você. Não leve o comportamento dos outros sempre para o lado pessoal: nem tudo no mundo é sobre você e nem tudo o que seus pares fazem é um ataque a você!

Não se deixe afetar tanto diante de uma rejeição que parece ser pessoal, tendo sempre em mente que, assim como você, outros só pensam em si mesmos. Dizendo de forma simples: a maioria das pessoas está totalmente ocupada consigo mesma — não há espaço para pensar em você o tempo todo.

61. Pare de ponderar — pesquise

> "Eu posso fazer o que quiser.
> Se ao menos eu soubesse o que quero!"
>
> DILEMA MODERNO

Vivemos em um mundo de oportunidades. Raramente encontramos tantas portas abertas como hoje. A educação é acessível a todos. Toda profissão pode ser aprendida e exercida. Podemos viajar para onde quisermos. Por meio das redes sociais, podemos estar perto das pessoas e ser diretamente inspirados pelos melhores. Então, por que tanta gente não sabe o que quer?

A resposta: não sabemos o que queremos porque ainda sabemos muito pouco sobre como as coisas são. Isto é, como as coisas podem ser para nós.

É um equívoco achar que só temos que pensar em nós mesmos, em nossos desejos, visões e sonhos para descobrir o que nos traz felicidade. Se não tivermos nada em que nos inspirar, como vamos sonhar?

Por exemplo, eu nunca teria tido a ideia de fazer um curso de pós-graduação em Paris se não tivesse lido um artigo numa revista de comunicação sobre um curso de pós-graduação europeu. O artigo plantou uma semente que amadureceu ao longo dos anos, até que eu finalmente fui para a França.

Precisamos de sementes que venham de fora, assim como a natureza depende do vento ou dos animais para levar sementes e pólen. Nenhuma flor poderia brotar se tivesse que sair e pegar o próprio pólen.

Abra-se para as sementes que circulam pelo mundo. Abra os olhos e ouvidos. Esteja atento às possibilidades. Converse com as outras pessoas, deixe que elas lhe contem o que fazem. Leia revistas que você normalmente não leria. Faça cursos, participe de eventos e reuniões que o inspiram. Faça o "caminho dos artistas" com você mesmo toda semana para fazer coisas que normalmente não faz.[82] Vá a um museu. Passe uma hora sentado em uma parada de ônibus. Sem um fone de ouvido conectado ao smartphone. Sem algo para ler! Absorva o que você vê e escuta. Confie que os impulsos em sua cabeça vão se juntar como as peças de um quebra-cabeça e sua ideia incrível de repente tomará forma.

Descubra o que existe por aí. Assim, você vai descobrir mais rápido o que quer.

62. Ser o dono da verdade? Não, obrigado!

Alguns anos atrás, conheci um homem que tinha uma opinião muito clara sobre tudo. E não cedia por nada no mundo. Eu disse a ele que na próxima semana ia fazer vinte graus negativos. "Não", respondeu ele, "a mínima vai ser de apenas dez graus negativos!" Eu elogiava os Estados Unidos. Ele dizia que eram um bando de comedores de hambúrgueres sem cultura. No início, isso me deixava louca e tivemos discussões acaloradas, até eu descobrir que ele nunca tinha ido aos Estados Unidos. Ele tinha formado uma opinião sobre o povo de lá... mas a partir do quê? Ele não sabia de qualquer coisa! Então Alexander von Humboldt me disse: "A visão de mundo mais perigosa é a daqueles que não viram o mundo." Percebi o quão tacanho e teimoso, o quão provinciano era aquele conhecido, e assim pude ficar em paz com suas perspectivas curiosas.

Muitas pessoas têm uma opinião arraigada sobre o mundo e não suportam a ideia de estarem erradas. Não questionam o que quer que seja, não aceitam uma perspectiva diferente, consideram a sua verdade como absoluta. Elas veem o mundo conforme o que suas lentes lhes permitem ver (ver Capítulo 16), e, por isso, estão sempre certas.

Talvez sejam felizes em seu mundo — e, se você se sente assim, não mude.

Esse exemplo deixou muito claro para mim que não é assim que eu quero ser. Desde então, não apenas intuitivamente, mas também conscientemente, aceito perspectivas novas, mergulho em temas, culturas e aventuras desconhecidas. Levo como profunda convicção interior e filosofia de vida permanecer com a mente aberta — ou, como gosto de chamar, "mente radicalmente aberta". Essa é minha fonte de criatividade e felicidade. Acredito que o mundo seria um lugar melhor e mais bonito se deixássemos de querer ter razão e bater o pé sobre nosso ponto de vista.

Poderíamos tomar decisões melhores se nosso ego não estivesse em primeiro plano o tempo todo, nos impedindo de enxergar a melhor solução. Curiosamente, a maioria das pessoas se considera aberta — assim como a maioria das pessoas se considera ótima motorista. Estamos sempre reclamando dos outros e deixamos de ver nossos pontos cegos.

Assuma novas perspectivas e proponha outras alternativas para solucionar um problema. Fique feliz ao receber opiniões diferentes e questionamentos críticos — é sempre bom contar com um advogado do diabo. Esteja ciente de que sua opinião pode estar errada ou ser apenas parte da verdade. Sempre que sentir a necessidade urgente de estar certo, pergunte-se: "Eu quero estar certo apenas por convicção ou para não perder a discussão? Posso aceitar o outro e ser feliz assim?"

63. Não basta visualizar

Eu adoro mandar cartas para o universo. Imagine (ou anote) o que você quer — e o universo provê. Para alguns dos meus desejos, isso funciona muito bem: achar uma vaga de estacionamento, uma mesa em um restaurante lotado, ou até pessoas para quem eu quero telefonar — e então elas me ligam.

É assustador.

Os céticos vão dizer que é coincidência.

Talvez.

Eu acho que é uma questão de atenção e atitude interior. Se tenho a intenção de achar uma vaga de estacionamento, estou aberta a isso e fico feliz se já encontrar uma a quatrocentos metros do meu destino. Se eu estiver com a atitude "vou demorar um século para encontrar", provavelmente, vou passar reto pela primeira vaga, e então acabar sem encontrar outra. A primeira postura está aberta para o que a vida oferece; a outra, não.

Hoje, cada vez mais, os cientistas estão estudando o poder dos nossos pensamentos e seu impacto no nosso sucesso. Em exames de imagem, vemos o que certas palavras, a prática de meditação ou o estresse fazem ao nosso cérebro. Mantras, afirmações ou visualizações estão, aos poucos, saindo do campo da superstição e se tornando ferramentas de sucesso também na literatura sobre gestão.

Ainda assim, considero muito perigosa a dica "você só precisa visualizar" para ter sucesso, pois podemos nos tornar passivos, se isso nos fizer ficar sentados em postura de meditação na sala de estar visualizando um iogue — em vez de levantar e botar a mão na massa. Desse jeito, nós sabotamos nosso próprio sucesso. Fingimos fazer tudo por nossa felicidade, sabemos visualizar como ninguém — para nada.

Quando surgiu a ideia de que bastava pensar ser rico (ou bonito, bem-sucedido etc.) para sê-lo, algumas pessoas não entenderam, e então ficavam descontentes porque, obviamente, não bastou visualizar. Imaginar nossos desejos ao vivo e a cores, como um filme com todos os cheiros e sons, pode ser uma grande ajuda para vivermos do jeito que queremos, mas não é suficiente.

Entre em ação, e faça isso ativamente. Ouça com atenção o que você realmente quer. Então dê o primeiro passo na direção desejada.

"O caminho se faz ao caminhar", disse Antonio Machado. Como ele está certo. Quando começamos a andar, fazemos algumas coisas boas. Por um lado, sua autoconfiança vai crescer — e grandes objetivos, grandes ideias de repente se tornam viáveis. Por outro lado, novas portas vão se abrir. Surgem novas possibilidades para sustentar seu caminho.

Não fique pensando sobre o que você quer.

Basta agir.

64. Tchau, Cronos! Olá, Kairós!

Existem na mitologia grega dois deuses do tempo: Cronos, o deus da quantidade de tempo, a quem também devemos a palavra "cronômetro"; e Kairós, o deus da qualidade do tempo, do momento.

Nas últimas décadas, a pressão dos custos, o foco na eficiência e o aumento do ritmo de vida têm colocado Cronos no controle. Declarações como "Tempo é dinheiro" ou "Estou com pressa" fizeram de nós escravos do relógio. "Os europeus têm o relógio, nós temos o tempo", diz um provérbio africano.

Coloque Kairós no centro de suas atividades. Esqueça os números como medida do seu sucesso e preste mais atenção nos momentos belos e no que você sente.

Pare de fazer listas de afazeres e comece a escrever o que quer realizar na próxima viagem. Assim, você escreve tudo o que lhe vem à mente em termos de tarefas e obrigações abertas. Isso limpa sua cabeça, e traz paz e serenidade graças ao princípio da escrita. Não escreva seus afazeres no calendário, mas em uma ferramenta independente como um caderno, um aplicativo ou em post-its. Isto lhe poupa a tarefa irritante de deixar coisas inacabadas para o dia seguinte, e assim por diante.[83]

Basta planejar as tarefas e atividades que você realmente quer ou precisa fazer. Seja muito criterioso! Nem tudo o que é importante é realmente urgente. Dê a si mesmo muito espaço entre as atividades. Quanto mais criativo-caótico (ágil) for seu dia a dia, mais liberdade você poderá se permitir.

Confie no fluxo da vida. "Siga o fluxo", como dizem os havaianos. Seja ativo e criativo, mas não caia na ilusão de que você precisa ou pode comandar tudo. Aceite o que a vida põe aos seus pés. Isso pode ser muito mais bonito e melhor do que qualquer coisa que você acha que pode "planejar". Controle o que você realmente pode e quer controlar — deixe livre tudo mais. Confie que você saberá estabelecer as prioridades certas e entrar em um fluxo natural em tudo o que fizer.

Não seja um gerenciador de tempo, mas um surfista de tempo, um conhecedor do momento, que surfa na onda de sua vida na direção desejada e, portanto, correta.

Faça uma "lista de coisas a sentir": escreva como você gostaria de se sentir hoje. Feliz? Alegre? Relaxado? Grato? Anote situações em que você estava particularmente feliz (alegre, relaxado, grato...). Assim você cria sua relação de coisas a sentir para acrescentar mais momentos bonitos à sua vida.

Então se pergunte: "O que posso fazer para me sentir assim novamente?"

Que momento você quer vivenciar hoje?

"A vida é feita de momentos bonitos, você só tem que vivê-los."
INGOMAR VON KIESERITZKY,
AUTOR ALEMÃO

65. Não complique

Muitos anos atrás, eu me deparei com o ditado "Se a solução é essa, então quero meu problema de volta". E percebi que muitas vezes pensei que encontrar a solução para um problema ou fazer um bom trabalho deveria ser uma tarefa difícil.

Nós esquecemos como pensar de forma simples. Aceitar o óbvio como a melhor solução. Preferimos nos fazer de bobos e perder muito tempo — mesmo podendo resolver tudo com uma mão nas costas.

E isso também se aplica ao que tentamos para simplificar nosso cotidiano. Investimos muito dinheiro e tempo para instalar novos gadgets de tecnologia, usar aplicativos de produtividade ou automatizar fluxos de trabalho.

Mas, no fim das contas, acabamos gastando mais tempo aprendendo a usar essas ferramentas, compensando falhas tecnológicas, atualizando versões, recuperando dados perdidos ou reparando falhas de sistema.

Eu amo a tecnologia. No entanto, tenho sido cautelosa ao me lançar em qualquer novidade que seja viável do ponto de vista técnico. Prefiro observar a experiência dos outros e incorporar as técnicas quando já estão mais bem desenvolvidas. Sim, eu definitivamente não sou do tipo que desbrava novas tecnologias, pois meu tempo e minha energia são preciosos demais para isso. Prefiro recorrer a *hacks* simples que são úteis e podem ser aplicados de imediato.

Não complique sua vida. Às vezes, o óbvio é a melhor solução.

Era uma vez um ferreiro que vivia em Nuremberg. Ele era conhecido em todo o país por seu trabalho artístico, especialmente, seus castelos primorosos. Mas ele já estava envelhecendo e chegava a hora de entregar sua oficina a um sucessor.

De todo o país vieram rapazes e velhos, artesãos experientes que queriam ter uma oficina próspera. O velho ferreiro submeteu todos eles a um processo de seleção, pois certas habilidades eram particularmente importantes, a fim de garantir que seus clientes continuassem satisfeitos.

Então ele deu a cada aspirante um molho de 66 chaves e a tarefa de abrir o portão do jardim junto ao rio em apenas uma tentativa.

Um depois do outro, os ferreiros tentaram a sorte — em vão. A primeira chave escolhida nunca encaixava. Um dia, chegou um aprendiz que vinha de outras terras. Pegou o molho de chaves e olhou atentamente para o portão. Por fim, pressionou a maçaneta, e o portão se abriu.

"Você enxergou o óbvio, meu filho", exclamou o velho ferreiro com alegria. "Você será meu sucessor!"[84]

66. Vá e faça! Facilite as coisas

"*Impossível!*", *diz o medo.*
"*Muito arriscado*", *diz a experiência.*
"*Inútil!*", *diz o ceticismo.*
"*Tente!*", *sussurra o coração.*

Ouça o coração e faça o que você quer fazer de agora em diante. Pare de pensar. Não há garantias de que suas decisões estejam certas, de que você será bem-sucedido ou feliz.

É melhor arriscar e tirar o corpo fora se não funcionar como você imaginou, do que lamentar os anos de oportunidades perdidas. Quem não arrisca não petisca!

No começo da minha carreira, eu era ingênua e ousada. Achava que era capaz de tudo, no bom sentido. Eu nem refletia muito sobre isso até que entrei na redação do *Süddeutsche Zeitung* e apresentei um artigo que eu estava convencida de que caberia bem no jornal. Consegui o emprego. Depois me candidatei a uma pós-graduação em Paris — e fui aceita. Escrever para a revista FOCUS? Eu simplesmente dei um pulo na redação, ofereci algo — emprego garantido.

Nos moinhos da vida profissional, perdi minha leveza. Influenciada pelos incrédulos e incomodados, comecei a acreditar que nem tudo era fácil! Comecei a pesar, ponderar, questionar se eu era mesmo boa, se alguém poderia fazer essa função, e parei de correr riscos.

Hoje, recuperei minha ingenuidade saudável e estou me esforçando para deixar a ingênua Cordula de vinte anos no comando. Por quê? Estou muito satisfeita com minha vida, mas lamento ter perdido minha imprudência alegre. Conquistei muitas das coisas que eu queria, mas há muito tempo a dúvida me consome.

Não deixe que isso aconteça com você. Não deixe os céticos o convencerem e encare ingenuamente as novas possibilidades. Ser ingênuo não significa não saber o que quer. Não, você já deve ser competente em sua área, mas mantenha a inocência de uma criança e faça perguntas. Solicite tarefas, empregos, apoio. Aborde as pessoas — há muito mais na vida do que costumamos pensar.

É só começar! Precisamos ir em frente para ganhar experiência e melhorar. Então mais portas se abrirão. Não perca tempo tentando encontrar a linha reta perfeita (veja Capítulo 6). Não é a perfeição que nos faz ter sucesso. É avançar pelo caminho e estar disposto a corrigir o percurso uma vez após a outra, adaptar-se, crescer.

Recolha a âncora, navegue no mar das possibilidades, ganhe experiência e deixe-se à deriva.

Pare de se esforçar, de planejar, de duvidar. Apenas faça!

Desejo a você tudo de bom nessa jornada!

Notas

(Os links foram acessados pela última vez em 17 de abril de 2018.)

1. <https://www.deutschebahn.com/de/presse/pressestart_zentrales_uebersicht/DB-Mitarbeiter_Waehlen_mehr_Urlaub-1201380>.
2. Veja <http://www.gluexx-factory.de/mehr-zeit-dank-eisenhower-prinzip/>.
3. Você quer saber como anda sua pontuação? Em www.kreative-chaoten.com/selbstchecks você encontrará testes gratuitos com dicas instantâneas para sua gestão de tempo e seu modelo ideal de vida e trabalho.
4. *Coaching today*, agosto de 2011, p. 17 e seguintes.
5. Veja Spiegel Wissen, edição 03/2016
6. Cf. Erich Kästner e Sylvia List (orgs.), *Wer Kind bleibt, ist ein Mensch*, Atrium 2016, Prefácio.
7. Veja Jeffrey Jensen Arnett, *Emerging Adulthood: The Winding Road from the Late Teens through the Twenties*, Oxford University

Press, S. 15.

8. Fonte infelizmente desconhecida. Reescrito por Cordula Nussbaum.

9. Mais exemplos sobre o tema "metas irresolutas" podem ser encontrados no livro *Geht ja doch*, p. 197 e seguintes.

10. Fonte: Cordula Nussbaum, especialmente escrito para este livro.

11. O método SMART consiste em definir objetivos e(s)pecíficos, mensuráveis, atingíveis, realistas e tangíveis. <http://www.gluexx-factory.de/smart-die-formel-um-ziele-zu-erreichen/>.

12. Veja Cathy N. Davidson, *Now You See It: How Technology and Brain Science Will Transform Schools and Business for the 21st Century*, Penguin Books, Reprint edition (31 de julho de 2012), S. 18.

13. Veja autoverificações gratuitas em <www.Kreative-Chaoten.com/selbstchecks>.

14. <https://www.apotheken-umschau.de/Stress/Warum-wir-im-Urlaub-krankwerden-518051.html>.

15. Fonte: Cordula Nussbaum, especialmente escrito para este livro.

16. Cf. *Organisieren Sie noch oder leben Sie schon,* Campus, 2017, 3ª edição, p. 275f.

17. Exemplos concretos dessas atividades corporativas podem ser encontrados no blog Deep Work: <www.gluexx-factory.de/digital-detox-staendigeerreichbarkeit>.

18. <http://erreichbarkeit.eu/images/Ergebnisbroschuere_250817.pdf>, p. 28.

19. <https://twitter.com/aleksanderwith/status/8964155188>.

20. Veja <https://www.facebook.com/hollybutcher90/posts/10213711745460694>.

21. Você encontrará exercícios e estímulos no livro *Geht ja doch!* e no curso on-line com o mesmo nome, <www.gehtjadoch.com>.

22. Cf. Geo Wissen, "Was die Seele stark macht", n. 48, p. 154 ff.

23. Fonte: Cordula Nussbaum, especialmente escrito para este

livro.

24. Você pode ler a história completa em: *Geht ja doch! Wie Sie mit 5 Fragen Ihr Leben verändern*, p. 101 f.

25. Veja Anderson Elisabeth, "Effects of exercise and physical activity on anxiety", *Frontiers in Psychiatry*, 23. Abril de 2013. <https://www.ncbi.nlm.nih.gov/pmc/articles/PMC3632802/pdf/fpsyt-04-00027.pdf>.

26. Veja <https://www.huffingtonpost.com/2015/08/11/dont-worry-strategiestips-habits_n_5092683.html>.

27. <http://www.jr-sewing.de/designer.de.html>.

28. Fonte infelizmente desconhecida, resumido por Cordula Nussbaum.

29. Veja <http://www.gluexx-factory.de/smart-die-formel-um--ziele-zu-erreichen/

30. Traduzido e resumido por: Clemmer, Jim, *Growing the Distance. Timeless Principles for Personal, Career, and Family success*, Stoddard Pub, Ontário 1999, p. 24.

31. Baseado em: Nasreddin Hodscha, 666 wahre Geschichten. Orgs.: Ulrich Marzolph, C.H. Beck, München 1996, p. 196 f.

32. <http://www.spiegel.de/wissenschaft/medizin/toiletten-experimentschamgefuehl-motiviert-zum-haendewaschen-a-655385.html>.

33. O estudo realizado naquela época não atende mais aos rígidos requisitos da pesquisa científica atual. Entre outras coisas, os participantes do teste foram substituídos e pressionados durante o experimento. No entanto, desde então o efeito tem sido confirmado repetidas vezes.

34. <http://www.pnas.org/content/110/38/15242>.

35. Timothy Ferris, *Die 4-Stunden-Woche*, Econ 2008, p. 194.

36. Citado em: Chris Geletneky, *Midlife Cowboy*, Lübbe 2016, p. 340.

37. Cf. <https://www.focus.de/kultur/medien/julien-bam-youtube-starlegt-seine-finanzen-offen-und-klammert-entscheidendes-detail-aus_id_7635041.html>.

38. Cf. Angela Mißlbeck, "Küss mich, nochmal!", In: Ärzte Zeitung, 17.03.2012, também disponível em: <https://www.aerztezeitung.de/panorama/article/808024/kuess-mich-nochmal.html>.

39. Palestra privada realizada em janeiro de 2018 na prefeitura de Munique.

40. <Veja https://www.focus.de/gesundheit/videos/vom-tibetischen-meisterlernen-buddhistischer-moench-verraet-wie-sie-immer--und-ueberall-meditieren-koennen_id_5730987.html>.

41. <https://www.resource-project.org/>.

42. Todo o processo do projeto ReSource e as técnicas treinadas estão descritas em detalhes em Geo 02/2018, p. 44f.

43. <https://www.geo.de/magazine/geo-magazin/18239-rtkl-fitness-fuersgehirn-meditation-welche-uebungen-wirken-am-besten>.

44. Veja <https://www.nature.com/articles/ncomms15964> e <https://deutsch.rt.com/sociedade/53955-estudo-com-outros-humano-partes-happiness/>.

45. Veja <http://www.zeit.de/wissen/2010-09/s41-infografik-2.pdf>.

46. Veja <https://www.cafonline.org/docs/default-source/about-us-publications/cafworldgivingindex2017_2167a_web_210917.pdf?sfvrsn=ed1dac40_10>.

47. Uma amostra retirada do livro de Laura-Vanderkam, *What the Most Successful People Do Before Breakfast*.

48. Recentemente redescobri este exercício de improviso teatral em uma palestra de meu colega Nicola Fritze. Também pode ser lido aqui: Nicola Fritze, *Motivier dich selbst. Sonst macht's keiner! 50 Impulse, um in Schwung zu kommen*, Business Village 2017, p. 172.

49. Recontado e resumido por Cordula Nussbaum, autor original infelizmente desconhecido.

50. Andrew Newberg, Mark Robert Waldman, *Die Kraft der Mitfühlenden Kommunikation: Wie Worte unser Leben ändern können*, Kindle Edition, p. 35.

51. Veja <https://www.uni-jena.de/uni_journal_04_2010_Fors-

chung.html>.

52. Informações de Peter da equipe krebskorb. de em 26 de fevereiro de 2018.

53. <https://www.abendblatt.de/ratgeber/multimedia/article210213951/Studie-belegt-Soziale-Medien-machen-Kinder-traurig.html>.

54. <https://academic.oup.com/aje/article-abstract/185/3/203/2915143/Association-of-Facebook-Use-With-Compromised-Well?redirectedFrom=fulltext>.

55. <https://www.zdf.de/dokumentation/terra-x/deutschland-wie-wir-lebenunsere-schaetze-100.html>, no minuto 13:47

56. Veja <http://www.pnas.org/content/107/38/16489>.

57. Cf. <https://www.welt.de/geschichte/zweiter-weltkrieg/article112404403/ The-deficiency-of-war-created-the-spray-cream.html>.

58. Cf. Richard Rohr, Andreas Ebert, *Die 9 Gesichter der Seele*, Claudius, 2010.

59. Na internet, você encontrará inúmeros testes gratuitos.

60. Ver Welch Suzy, *10-10-10*, Goldmann, 2009.

61. Ver Anuário Estatístico Federal, Anuário Estatístico 2017, p. 174.

62. <http://www.gluexx-factory.de/interview-mit-eckart-von-hirschhausen-the-guide-doest-doesn-need-to-go/>.

63. Fonte infelizmente desconhecida. Um bom tratado sobre a origem da fábula pode ser encontrado aqui: ARATA TAKEDA, Blumenreiche Handelswege, Ostwestliche Streifzüge auf den Spuren der Fabel Der Skorpion und der Frosch, in: *Deutsche Vierteljahrsschrift für Literaturwissenschaft und Geistesgeschichte* 85. Jg., Heft 1 (2011), pp. 124-152f.

64 Cf. em detalhes: *Geht ja doch!*, p. 150 f.

65. Cf. Cordula Nussbaum, *Bunte Vögel fliegen höher*, Campus 2011, p. 181 e seguintes.

66. Veja <https://www.youtube.com/watch?v=s7wp49zaUHY>.

67. Ver Metzger, Jochen, "Leben im Komparativ", em: Psycholo-

gie heute, 08/2009, p. 42.

68. Fonte: citado em Tania Konnerth, *Kleine Wunder warten überall*, Herder, p. 149.

69. Sobre este tema recomendo o livreto *Ho'oponopono*, de Ulrich Emil Duprée, que ensina o método de forma prática.

70. Fonte infelizmente desconhecida.

71. Veja <http://www.adultdevelopmentstudy.org/datacollection>.

72. Cf. Robin Dunbar et. al., *Evolution, Denken, Kultur: Das soziale Gehirn und die Entstehung des Menschlichen*, Springer Spektrum 2015, lido em Kindleversion.

73. Cf. instruções detalhadas em: *Organisieren Sie noch oder leben Sie schon?* Campus 2014, p. 52f.

74. Veja <http://www.gluexx-factory.de/ernaehrungsmythen/>.

75. Veja <http://www.bmj.com/content/349/bmj.g4887>.

76. Veja <https://dash.harvard.edu/bitstream/handle/1/3196007/langer_excersiseplaceboeffect.pdf?sequence=1>.

77. Cf. DAK Gesundheitsreport 2017.

78. Veja <https://journals.lww.com/jcge/Abstract/2015/09000/A_Novel_Sleep_Posicionamento_Dispositivo_Reduções.7.aspx>.

79. Cf. Madan Kataria, *Lachen ohne Grund. Eine Erfahrung, die Ihr Lebenverändern wird*, Via Nova, 2007.

80. Citado da <Wikipedia https://de.wikipedia.org/wiki/Lachyoga>.

81. Veja <http://wiki.iao.fraunhofer.de/index.php/Chronobiologische_Arbeitsgestaltung>.

82. Cf. Julia Cameron, i, Knaur, 2009, p. 45f.

83. Você pode descobrir exatamente como funciona a coleção de viagens para fazer aqui: <http://www.gluexx-factory.de/mit-der-reisenden-to-do-sammlungden-uberblick-behalten/>.

84. Fonte: Cordula Nussbaum, especialmente escrito para este livro.